Friedrich Heinrich Dieterici

Die Philosophie der Araber im X. Jahrhundert n. Chr.

aus der Theologie des Aristoteles, den Abhandlungen Alfarabis und den Schriften

der lautern Brüder - 9. Band

Friedrich Heinrich Dieterici

Die Philosophie der Araber im X. Jahrhundert n. Chr.
aus der Theologie des Aristoteles, den Abhandlungen Alfarabis und den Schriften der lautern Brüder - 9. Band

ISBN/EAN: 9783744667920

Hergestellt in Europa, USA, Kanada, Australien, Japan

Cover: Foto ©ninafisch / pixelio.de

Weitere Bücher finden Sie auf **www.hansebooks.com**

DIE

PHILOSOPHIE DER ARABER
IM IX. UND X. JAHRHUNDERT N. CHR.

AUS DER

THEOLOGIE DES ARISTOTELES, DEN ABHANDLUNGEN

ALFARĀBIS UND DEN SCHRIFTEN DER LAUTERN BRÜDER

HERAUSGEGEBEN UND ÜBERSETZT

VON

Dr. FRIEDRICH DIETERICI
PROFESSOR AN DER UNIVERSITÄT BERLIN

NEUNTES BUCH

DER DARWINISMUS IM X. UND XIX. JAHRHUNDERT

LEIPZIG

J. C. HINRICHS'SCHE BUCHHANDLUNG

Der Darwinismus

im

zehnten und neunzehnten Jahrhundert.

Von

Dr. Fr. Dieterici,

Professor der arabischen Literatur.

Leipzig.

J. C. Hinrichs'sche Buchhandlung.

1878.

Vorwort.

Dieses Büchlein bedarf eines Vorworts, denn es bedarf einer Entschuldigung. Was hat ein Philolog sich mit der Natur zu befassen? Es fragt jetzt jeder nach seiner Entstehung und begnügt sich nicht mit der nächsten Antwort auf diese Frage; hinauf muss man und immer weiter hinauf, bis man beim Affen ankommt; auch dort giebt's keine Ruhe, das ist nur eine Station; weiter hinauf geht die Reise, und weiter bis man etwa in der Seequalle oder im Protoplasma seinen Frieden findet. —

Man blicke auch wohlwollend auf die Entstehung dieses Büchleins.

Es wurde mir der Auftrag im wissenschaftlichen Verein zu Berlin einen Vortrag zu halten. Das ist eine schwere Aufgabe für einen Arabisten, zumal wenn er die gewöhnlichen Themata wie Koran, arabische Poesie und dergl., dort schon erschöpfte. Dennoch wagte ich, zumal einst mein seeliger Vater

der Statistiker mit zu den Begründern dieses Vereins
gehörte, nicht, diesen Auftrag rund weg abzu-
weisen.

Seit einer Reihe von Jahren bearbeite ich die
arabische Philosophie; von daher musste ich das
Thema nehmen. Doch wie dasselbe schmackhaft
machen? Da ist ja der berühmte Mann, der grosse
Darwin, ein Mann in der That unsterblichen Verdien-
stes, der mit seiner Theorie von der Entstehung der
Arten und dem Uraffen, die denkende Menschheit in
Aufruhr brachte. Aehnliches giebt es in der arabischen Naturphilosophie des 10. Jahrhunderts;
setzen wir also das Thema „Darwinismus bei den
Arabern".

Das Thema war gestellt, doch wie ist es aus-
zuführen? Da ward denn studirt und gelesen, Darwins Entstehung der Arten und die Abstammung
des Menschen von Neuem angesehen, auch das Buch
„Werden und Vergehen von Carus Sterne 1876",
welches Häckels Ansichten wiedergiebt, durchge-
nommen, Aufsätze der deutschen Rundschau wurden
berücksichtigt — und bei alle dem — die Botschaft
hört ich wohl, allein mir fehlt der Glaube. —

Bald ward vom Speciellen zum Allgemeinen,
bald vom Allgemeinen zum Speciellen der Weg
genommen; mehrere Abhandlungen wurden gemacht
und dann wieder verworfen.

Vielleicht wäre es für das gebildete Berlin, das Kritik liebt, ganz gut, einen Blick in die Werkstatt eines Gelehrten zu werfen, der an einer populären Vorlesung laborirt. Bald ist die Arbeit zu lang und muss gekürzt, bald ist sie zu doctrinär, sie muss anders intonirt werden; denn „c'est le ton qui fait la musique" hin und her wird überlegt, critisirt, verworfen und umgeschrieben, bis endlich die Zeit da ist. Nun muss der Vortrag fertig sein, man rafft aus dem zusammen was man aufgespeichert hat, sucht das Verständliche und Interessante auf den Faden eines Grundgedankens zu reihen und stellt sich, nicht wenig unzufrieden mit sich selbst auf das Katheder, welches als Moquirstuhl für die Gelehrten am Kastanienwäldchen Sonnabendlich aufgeschlagen wird. Noch auf dem Weg dahin überlegt man, ist auch dies oder jenes ganz salonfähig, man streicht noch zuletzt, denn man fürchtet bei manchen Stellen, könnte es heissen: Die Ritter schauten muthig drein, doch in den Schooss die Schönen. — Bei der Lectüre dagegen verträgt man etwas mehr.

Ich hatte das Glück am Tage des Gerichts ein wohlwollendes, nachsichtiges Publikum zu finden. Gott sei Dank! dachte ich, damit wären wir fertig.

Doch nein, noch keine Ruhe. Es hatte mich, wie eine böse Liebe, der Gedanke erfasst, die Anschauungen über die Entstehung wie sie in dem ersten Stück der

Bibel, wie sie beim Aristoteles, bei den Arabern im 10.
Jahrhundert [1]) und in der neusten Zeit herrschen, zu-
sammenzustellen, und das Gleichartige wie das Verschiedene hervorzuheben. Das liess mir keine Ruh.
Denn es ist nun einmal mein Standpunkt, dass die
Philologie sich nicht blos mit Buchstaben und Worten,
sondern vorzüglich mit dem Geist der Culturvölker zu
befassen habe, und dass die Grammatik wie das Lexicon
nicht Selbstzweck, sondern Mittel zu diesem Hauptzweck
sind. Alle Culturvölker aber sind Glieder in einer
Demantkette der Bildung und stehen ihre geistigen Er-
rungenschaften mit einander in Verbindung. Diesen
Standpunct geltend zu machen und die Araber als
ein Glied in die Kette der Culturvölker einzureihen,
ist das Ziel wofür ich stritt und wofür ich litt; denn
die Buchstäbler im Semitismus können das uns
nimmer verzeihen: Der Buchstabe, meinen sie, macht
lebendig, aber der Geist tödtet, drum wenn jemand
der geistigen Philologie zustrebt: Anathema sit. —
Doch wie dies Ziel erreichen? Als Gelehrter ist
man verpflichtet einen möglichst holprigen Knüppel-
damm im lieben Deutsch zu bauen, das allgemeine
Publikum dagegen will einen glatten, ebenen Weg.
Populär und anregend zugleich zu schreiben ist eine

---

1) Vergl. darüber besonders Makrokosmus bei den Arabern.
Dieterici 1876.

schwierige Aufgabe. Nur wenige Gelehrte haben die
Frage nach der Form solcher Abhandlungen wohl
gelöst.

Wir haben vier Abschnitte gebildet:

I. Darwinismus bei den Arabern; be-
    währt den alten Spruch: Es giebt nichts
    Neues unter der Sonne.

II. Antidarwinismus; handelt über die
    Schwäche der Argumente, welche von den
    Darwinisten für ihre neue Theorie vorgebracht
    werden.

III. Die Schöpfung; soll darthun, dass die
    heutige Atomlehre der Chemie, sowie die
    Theorie von der Wärme in der Physik auch
    im Reich der Zelle, d. i. der Pflanzen- und
    Thierwelt die Mannichfaltigkeit der Arten
    verlangen.

IV. Eine aus dem Arabischen übertra-
    gene Naturphilosophie; soll zeigen, dass
    das Sonst und das Jetzt einander nicht
    widersprechen.

Was wird das bei dem heutigen Fanatismus für
den Uraffen nützen? Muth hat auch der Mameluk
beim kühnen Ritt durch fremde Gebiete, so wird
man vielleicht achselzuckend sagen.

Wir haben hier manches gebucht und uns zu
helfen gesucht — man erzählt eine Geschichte —

kommt auch wohl mit einem Gedichte — man bringt eine Redespitze — versucht's auch mal mit einem Witze. — Denn in des Wissens tiefem Schacht — herrscht stets des Geistes frische Macht — und der Gedanken-Edelstein — wird stets erglühn im hellen Schein. — Wohl dem, der sich dran kann erfreun — die Kräfte immer zu erneun. — Man verzeihe die Makamenform — den Arabisten dient sie oft zur Norm. —

Leider hat mich die Beschäftigung mit dieser Frage länger hingehalten als ich zuerst dachte. Das ist nichts Ungewöhnliches. Der Astronom sieht die Sterne eines Systems und denkt damit ist es zu Ende; doch nein, sogleich eröffnet sich die Perspective auf ein neues Sternsystem; blickt man wieder auf dies, liegen dahinter noch neue Nebelflecke im Horizont; auch sie wird einst ein Fernrohr als neue Sternsysteme erkennen lassen. Darüber könnte man sich trösten, das Leben ist kurz, doch ewig ist die Wissenschaft, aber einen Anachronismus habe ich deshalb zu beklagen. Der edle Pungu im Aquarium, von dem ich als einem noch Lebenden handelte, ist seitdem verschieden. Sein Tod versetzte mich fast in ebenso grosse Betrübniss als die Herrn Directoren; denn das ist allen Berlinern klar, wenn diese Herren sich nicht recht bald wieder einen Affen kaufen, ist's mit dem Glanze des Aquariums aus.

Edler Pungu! warum schiedest du so bald, wars nicht genug, dass hier die gläubige Menschheit mit Ehrfurcht zu dir pilgerte; wars nicht genug, dass selbst old England vor dir sich beugte und den besten Porter dir kredenzte. Warum musstest du so gierig Nägel und Nadeln verschlucken — du Eisenfresser! — Ist das ein Benehmen für den Repräsentanten eines uralten Geschlechtes? warum zogst du nicht wie wir bescheidene Menschen zu thun pflegen deinen Bedarf an Eisen aus Kohl und Rüben. Du wurdest solcher Nimmersatt am Eisenfutter zu deinem und unserem Verderben.

Aber du hast nicht umsonst gelebt. Naturforscher die doch sonst nur auf beobachtete Thatsachen ihr System begründen, verliessen diesen sicheren Grund, auf dem sie lange Jahrhunderte um die Wahrheit stritten; hinaus, hinaus triebst du sie auf das weite, unermessliche Meer der Vermuthung und mit so fanatischer Begeisterung hast du diese Ritter vom Geist erfüllt, dass sie noch jüngst in einer Versammlung es mit dogmatischer Wuth aussprachen. — Ausser der Lehre vom Affen kein Heil. — Auch die Communalschule soll diese Weisheit lernen.

Die Christenlegionen heisst es unter Constantin sahen einst das Kreuz in der hellen Sonne und siegten. Ihr Sieg galt dem Idealismus. Jetzt gedenkt man im trüben Schattenlicht der Hypothese das Bild des Uraffen als ein Symbol neuer Wahrheit im Dienst des Materialismus aufzuhissen. Es giebt Licht, aber es giebt auch Irrlicht. — Der Hochmuth ist der Leute Verderben — Species Mensch warum bist du so ahnenstolz!

Charlottenburg bei Berlin.
April 1878.

Fr. Dieterici.

Darwinismus

bei den Arabern.

(Eine Vorlesung.)

———

Als Alexander von Humboldt jenes Buch schrieb, welches sein Greisenalter wie mit goldener Abendröthe verschönte, das Buch in dem er alle Zweige der Naturwissenschaft umfasste, nannte er sein Werk mit einem griechischen Namen Kosmos, Ordnung, Schmuck, Welt. —

Er traf hierin mit einem der ältesten griechischen Philosophen Pythagoras (um 582 v. Chr.) zusammen, dessen Leben zwar von der Mythe wie von dem Gluthschleier der Morgenröthe umhüllt ist, von dem es aber feststeht, dass er in der Zahl und der durch dieselbe repräsentirten Harmonie das Wesen aller Dinge fand und deshalb die Welt Kosmos, gleichsam Allharmonie, nannte.

Woher, so fragen wir, kam es, dass das Genie des 19. Jahrh. n. Chr., mit jenem alten griechischen Weisen darin übereinstimmt, das Vielgestaltetste und Bunteste, die Welt, in der die Elemente wild auf

1*

einander stürmen, mit dem scheinbar unpassen-
den Namen Ordnung, Schmuck zu bezeichnen.
Sind fünfundzwanzig Jahrhunderte wissenschaftlichen
Ringens ohne Wirkung geblieben? Wir antworten:
Es geht wie ein Kleinod der Erkenntniss von einem
Culturvolk und einem Geschlecht zum andern: Die
Welt, das All, die bunte Vielheit der Dinge ist doch
nur ein wohlgefügtes, wohlgeordnetes Ganze, eine
Harmonie, die im Wesen der Zahl dem menschlichen
Geist vor- und eingebildet ist. —

Eine Reihung ist die Welt von der Einheit bis
zur unendlichen Vielheit, und jede Wissenschaft ist
eine Welt im Kleinen, ist eine Reihung von der
Einheit des Princips zu einer Vielheit von Erscheinungen, so wie umgekehrt eine Zurückführung der
vielen Erscheinungen auf die Einheit des Princips. —

Dies ist als Wesen aller Wissenschaften so klar,
dass auch die verschiedensten Anstrengungen, die
verschiedensten Charakterzüge von ihm umfasst
werden. Philosophie und Theologie, wie stehen sie
sich doch so oft feindlich gegenüber? und doch, was
sind die beiden anders als Versuche, jene uralte Frage
an das Menschengeschlecht: woher die Welt, woher
das All? an welche alle Völker, die auf der Bühne der
Weltgeschichte auftreten, herangetrieben werden, zu
lösen; nur dass die eine, die Theologie, das höchste
und vollendetste aller Wesen, Gott, als das eine Princip

der unendlichen Vielheit setzt, die andre aber, die Philosophie, aus dem einfachsten Urding und Urbegriff heraus die Vielheit der Formen entstehen lässt. —

Aus jenem Wesen alles Erkennens, dass jede Wissenschaft eine Reihung von der Einheit zur Vielheit oder die Zurückführung von der Vielheit zur Einheit sei, geht nun jener charakteristische Zug, jenes Gesetz für die Entwickelung aller Wissenschaft hervor: Hat der Geist lange in einer Wissenschaft nach der einen Richtung hin gearbeitet und eine Menge neuer Erscheinungen gewonnen, so treibt es wie mit Allgewalt, den Forscher wieder zur Einheit sich zurückzuwenden und die Rückkehr zu dem Einen Princip von Neuem zu prüfen. —

An einer mir sonst fernstehenden Disciplin sei dies erläutert. — Die Zoologie, die Lehre von den Lebewesen, verdankt ihre wissenschaftliche Begründung und Neubildung dem grossen Buffon. —

Es war im vorigen Jahrhundert in dem schönen Frankreich, dem Sitze der Cultur und Macht, wo sich eine Anzahl grosser Männer vereinte, deren Ziel kein geringeres war, als die ganze Wissenschaft wie ein wohlgebildetes Ganze zu erfassen und darzustellen. —

Die Encyklopädisten Diderot, d'Alembert, Maupertuis, Grimm, Holbach, hatten alle jenen grossartigen Zug, den Drang des Wissens dem Ursprung zu, ein Ringen nach Einheit. Die Einzelheit der Wissenschaft gewann Leben in ihrer Beziehung auf die Allgemeinheit. Ihr grosses Werk, die Encyklopädie der Wissenschaften (1751—72), mag vergessen werden, die gewaltige Wirkung derselben, die Anregung zu neuer Geistesarbeit nimmermehr. —

Sowohl Linné, der Begründer wissenschaftlicher Systematik in der Botanik, als Buffon, der in seiner échelle des êtres alle Stufen der Lebewesen, vom Menschen der höchsten Creatur bis zu der niedrigsten, so meisterhaft und geistreich beschrieb, haben von der Encyklopädie Anregung erhalten.

Die in fast unmerklicher Verschiedenheit sich an einander schliessenden Stufen der Pflanzen und Thiere sind nach Buffon geschaffen und haben als einzelne Acte der Schöpfung Bestand.

Das Individuum mag man beschreiben, die Einheit und Ewigkeit der im Individuum sich stets erneuernden Art ist aber ein unergründliches Geheimniss. Jede Art hat ihr Modell, und so ist Einheit und Bestand gewährleistet. Der Typus bedingt die Beständigkeit der Art.

Die so wunderbar aufgerichtete Leiter aller Lebewesen, die Buffon unsterblichen Ruhm erwarb, scheint aber von ihm selbst um einige Staffeln unterbrochen zu sein, indem er zwischen Mensch und Thier eine absolute Kluft setzte. Der Mensch habe Geist, das

Thier aber nicht. Anatomisch sei die Zunge des Affen zum Sprechen wohlgeeignet, warum spricht er nicht? weil er keinen Geist hat. Die Aeusserungen der Thiere sind nur mechanische Resultate und absolut verschieden von denen des menschlichen Geistes. Es entwickelte sich die Theorie von einem Instinkt, einem Denken ohne Selbstbewusstsein, als dem Erbtheil der Thiere.

Man behauptet, dass der grosse Buffon bei seiner Theorie über Mensch und Thier nicht ganz frei gewesen sei von der Rücksicht auf die in Frankreich damals noch so mächtige, orthodoxe Lehre. Das Ebenbild Gottes, der Mensch, der Inhaber der Offenbarung, sei absolut getrennt von dem Gethier. Spielte diese Rücksicht bei Buffon eine Rolle, so verrechnete er sich, denn mit den schwarzen Herrn des Dogma's ist der Wissenschaft kein Friede. Vermied er in seiner histoire naturelle den Zusammenstoss, so konnte er ihn doch in seinen „époques de la nature", dem ersten Anlauf zu einer systematisch angelegten Geologie, nicht vermeiden. Da er der Kieselerde eine grosse Rolle bei der Weltbildung zutheilte, traf ihn die immerhin witzige Schrift: „le monde de verre réduit en poudre", die Glaswelt des Herrn Buffon zu Staub zerrieben, mit geistlichem Hohn. —

Glücklich ist die Wissenschaft, in der der Ausarbeiter genialer Grundgedanken gleich gross ist mit

dem Begründer derselben. Dies Loos fiel der Zoologie
zu. —

Cuvier, 1769 in der damals deutschen Stadt
Mömpelgard, Monbeliard, geboren und in der Karls-
Akademie in Stuttgart erzogen, brachte zu dem Genie
Buffon's die Sorgfalt mühevoller Forschung und
einen sowohl tiefdurchdringenden als auch allum-
fassenden Geist. —

In vielen Gebieten gleich gross, begründete er
durch seine „leçons d'anatomie comparée" und „le
règne animal" das Studium der vergleichenden Anatomie, er legte den Grund zu der bisher herrschenden
Methode.

Die Arten stehn durch die Schöpfung fest, eine
jede Art wird durch eine Menge von Individuen
gebildet, welche eng sich aneinander schliessen und
unter einander ähnlicher sind, als den anderen Creaturen. —

Wie grossartig sind doch die Resultate dieses
Studiums! der Bau aller Thiere ward so genau durch-
forscht, dass man aus einem Knochen, einem Zahn,
das ganze Thier sich wissenschaftlich construiren
konnte. Eine Gruppe neuer Lebewesen ward nach
der andern auf weiten Reisen dem staunenden Auge
des Naturforschers vorgelegt, und neben der Vielheit
und Mannigfaltigkeit des Baus erkannte man wieder
die Aehnlichkeit und Harmonie der Structur.

Es ist möglich, dass auch auf den grossen Cuvier die Bibel mit ihrer Fluthsage einen nicht geringen Einfluss geübt hat. —

Cuvier wendete die Sätze seiner vergleichenden Osteologie auf die Reste vorweltlicher Thiere an und kam zu dem Schluss, dass die untergegangenen Schöpfungen von der jetzigen sehr verschieden gewesen. Er nahm somit verschiedene Schöpfungen, oder vielmehr eine sprungweise Schöpfung in verschiedenen Perioden an, so dass die einfachsten Formen am frühsten entstanden sein (recherches sur les ossement fossiles.)

Der Begründer der vergleichenden Anatomie konnte freilich noch nichts von der erst jüngst begründeten Wissenschaft der vergleichenden Mythologie wissen, wonach feststeht, dass die Fluthsage ein gemeinsames Gut aller an wasserreichen Strömen liegenden Länder ist, und die Fluthsage der Bibel mit der Babylonischen in Beziehung steht. —

Die Natur macht keine Sprünge. Die Entwickelung der Erde ist nur Eine im Grossen und Ganzen, was natürlich partielle Evolutionen nicht ausschliesst. Wo soll die Menge des Wassers herkommen unsere Erde zu überschwemmen und alle Creatur zu ersäufen? Doch ein Land war den Alten die Welt.

Ein gewaltig grosser Kreis ist der des Lebens, in ihm besteht eine fast unzählbare Menge kleiner Kreise

alle gegen einander abgegrenzt, durch sichere Marksteine getrennt, das sind die Arten mit ihren Unter-
arten. Hatte die Wissenschaft der Zoologie Unrecht
diese Marksteine festzuhalten? stand ihr nicht die
Erfahrung vieler Jahrtausende zur Seite? Seit den
ältesten Zeiten der Cultur sind die Thiere dieselben
geblieben. Die Giraffe, der Affe, das Pferd, das
Crocodil etc., stehn auf den ältesten Denkmälern
Aegyptens vor uns, die mumisirten Katzen, Ibis u. s. f.
sind, wie ein jeder Zoolog aus den Knochen beweist,
dieselben Thiere wie heute. — Ja noch mehr, wenn
die Natur die Paarung von zwei ähnlichen Thieren
gestattet, wie beim Pferd und Esel, verweigert sie
nicht dem Blendling die Fortpflanzung? sagt also
nicht die Natur selbst, wie Archimedes zu dem
rauhen Krieger, der ihn erschlug: „trübe mir meine
Zirkel nicht“. Ist nicht das, was Jahrtausende hindurch immerfort und überall vor den Augen des
wahrnehmenden und denkenden Menschen sich ab-
spielt, ein Naturgesetz?

Hatte nun aber die Zoologie fast ein Jahrhundert
nach der einen Seite, nach der Vielheit der Erscheinung hin gearbeitet, so musste nach dem oben an-
geführten Gesetz jenes Streben, diese gemehrte Vielheit
wieder mit der Ureinheit zu verbinden, erwachen.

Nachdem schon Lamark die Eintheilung nach
Gattungen und Arten mehr als Hülfsmittel des er-

kennenden Geistes als wirklich bestehend betrachtet, trat im Jahre 1859 Charles Darwin mit seinem Buch über die Entstehung der Arten auf. — Von der in England wohlbekannten Kunst der Züchtung ausgehend, betrachtete Darwin das Reich aller Lebewesen, weniger als etwas Gewordenes und Seiendes, als vielmehr als etwas ewig Werdendes. Er hob die Arten, jene Marksteine in dem weiten, weiten Gebiet der Lebewesen hinweg und stellte sich kühn vor den Urbrei der Schöpfung. Einigen wenigen oder, wie Darwin später behauptete, einer Urform des Lebens habe der Schöpfer Leben eingeblasen, und sei die unendliche Vielheit der Lebewesen aus der Entwickelung und Veränderung dieser einen Form entstanden. —

Die in ewiger Veränderung begriffene Lebeform könne nützliche, gleichgültige oder schädliche Aenderung erfahren, und da von Hunderten von Individuen nur eins zur Entwickelung gelange, werde bei dem Kampf ums Dasein und um die Fortpflanzung das Individuum mit nützlicher Veränderung, den Sieg über die andern davontragen und zur Fortpflanzung gelangen. —

Diese nützliche Aenderung werde weiter entwickelt und könnte etwa nach einer Million von Generationen so weit gedeihen, dass eine neue Art durch die natürliche Zuchtwahl entstehe. —

Wie! rufen wir: seit mehr denn Viertausend

Jahren keine bemerkbare Aenderung unserer Lebewesen und doch soll Fisch, Amphibie, Vogel, Säuger, alles aus einer Urform durch allmählige Veränderung entstanden sein? —

Ja wohl, man denke nur nicht an die Zeit; der
heilige Sänger Israels konnte wohl in seiner Naivität
singen: tausend Jahre sind vor Gott, wie ein Tag,
jetzt ist anders der Text: Millionen Jahre sind dem
Naturforscher nur ein Nu. —

Man denke sich alle Lebewesen wie einen Baum.
Dieser Stammbaum aller Creatur geht durch verschiedene Schichten der Erde aus der Tiefe herauf. — Aus
kleinem Keim, aus jenen niedrigen Organismen, die
zugleich Pflanze und Thier sind, treibt der gewaltige
Stamm aller Lebewesen herauf Ast an Ast und diese
wieder Zweige treibend, um den Menschen als die
Blüthe und die Frucht der Entwickelung zu tragen.
Unsere Arten sind gleichsam nur die Endausläufer
der Aeste, zwischen ihnen und dem nächsten Zweige
liegen Hunderte von untergegangenen Sippen; hätten
wir diese, so könnten wir den Uebergang des Einen
zum Andern wohl erkennen, aber das Buch der Natur
ist defect, bei weitem defecter als ein andrer Codex. —

Die Einen jubelten der grossen Entdeckung zu;
die Nebel, die bisher das Auge des Zoologen umhüllten,
seien durch diesen Sonnenstrahl zerstreut und die
Räthsel gelöst; die Andern sagten: ist das Factum,

ist's nicht vielmehr 'ne Hypothes. — Und gewiss Beide haben Recht. —

Alles Erkennen beruht auf der sinnlichen Wahrnehmung. Der Naturforscher aber beobachtet mit geschärftem Auge und, was noch mehr ist, er kann mit klarer Combination, da er einen Theil der Naturgesetze kennt, der Natur im Experiment eine Frage vorlegen, die sie beantworten muss. Für das durch das Experiment gewonnene Resultat findet er meist in der Mathematik eine Formel, die wie in Erz gehauen den wahren Weg für alle Zeit sichert. Weder Wahrnehmung, noch Experiment, noch Rechnung steht dem Darwinismus zur Seite, wohl aber der bisherigen Zoologie. —

Man nehme nun die Sache völlig wie sie liegt. Der Zoolog welcher die Natur wie sie i s t und b e s t e h t betrachtet, er wird der Arten, die sich in sich fortpflanzen, nicht entbehren können. Die Natur ist einmal defect, sie kann so bleiben. Will aber ein Naturforscher das Weltproblem und die Frage beantworten, wie konnte die Lebewelt werden? so mag er sich dieser, wenn auch höchst kühnen Hypothese bedienen, vielleicht wird sie ihm zum Ariadne Faden im Labyrinth der Räthsel. Ist es nicht schon Glück genug, dass Naturforscher ihre Wissenschaft benutzen, naturphilosophische Fragen zu lösen, die sie sonst so gern ganz von sich werfen. —

Ist es nicht ein Fortschritt, dass Naturforscher die Beziehung zwischen der Einheit und Vielheit aufsuchen.

Die an den Strand geworfene Welle spritzt in Myriaden von Tröpfchen auf, aber vereint fallen sie zurück, um wieder hinabzurinnen zu dem einen Urgrund des Meeres. So umfasst eine jede Wissenschaft viele Tausende von Einzelheiten, die alle auf einen Urgrund zurückzuführen sind. —

Gewiss wäre dieser Versuch der Darwinschen Naturphilosophie ein Specialgut der Naturforscher geblieben, wenn nicht Darwin in einem zweiten Werke „die Abstammung des Menschen", grade an dem empfindlichsten Punkte in der Reihe der Lebewesen, an der nahen Verwandtschaft des Affen mit dem Menschen, seine Theorie versucht hätte. —

Eine geistige Revolte ging durch die Welt, Apostel der Affenwürde durchzogen die Länder. Die Einen blickten voll Entzücken auf den neu entdeckten Urahn, die Andern wiesen voller Hohn diese Zumuthung zurück.

Die übertriebene Verehrung eines halbverstandenen Gedankens hat oft etwas Komisches. Gehn wir ins Aquarium, Punkt 10 giebt die Excellenz der Thierwelt Audienz, an all den wunderbaren Creaturen zieht die Menge theilnahmlos vorüber, Fisch und Schlange, Eidechse und Vogel, selbst die Specialcollegen des Anthropomorphen, die anderen Affen, werden nicht beachtet. Aber dort vor jenem Vorhang, der das Urbild umschliesst, sammelt sich die Menge wie vor dem Bild von Saïs, das die Wahrheit umhüllte. Immer ungeduldiger wird die Schaar, man zählt, nur noch Minuten, nur noch Secunden, der Schleier fällt und — und wir haben einen Affen — der macht seine Purzel, seine Sprünge, setzt sich die Mütze seines Wärters auf. Nein wie ähnlich! ja, ja, das ist unser Urahn, der uns das Geheimniss aller Entwickelung blicken lässt, so ruft die Menge. —

Ich erlaubte mir etwas höhnend die Lippen zu verziehen und sprach: aber, meine Herrn und Damen, das ist ja garnicht unser Urvater, er ist nur so zu sagen unser Urvetter. Der Affe wie der Mensch gingen zwar von einem Knoten an dem Lebensbaume wie zwei Triebe aus, der eigentliche Urahn aber von diesem schwarzen Herrn und uns und allen höheren Säugethieren ist ein Beutelthier, das nach langer Reihe von einem Reptil stammte und dies Reptil wieder von einem Fisch, das beweisen die Rudimente von Organen, die wir uns selbst zur Last und zur Gefahr in unserem Leibe herumtragen. —

Man sehe nur genau den Gorilla an. Dies Thier geht eigentlich auf allen Vieren; zwar sind's mehr Hände als Füsse, doch kriecht er mehr als dass er geht, der aufrechte Gang kommt ihm schwer an.

Aber mein Herr, was reden sie da von einem Thier, beleidigen sie doch, wie sie sagen, unsern Urvetter nicht, auch bei uns im Culturstaat, das weiss alle Welt, kommen die, die sich bücken und kriechen, am weitesten. Wer klug ist, der lerne von diesem Affen sein Benehmen! ich war wieder still gemacht, wer schüttelt sich auch die Calembourg so leicht aus dem Aermel, aber zum Glück machte der Gorilla eine Pause in seiner Production, ich ergriff den Moment zu meiner Rechtfertigung.

Der menschenähnliche Affe, behauptete ich, steht uns zwar nicht so fern wie die Orthodoxen glauben, aber auch lange nicht so nah wie die Vulgär-Darwinisten wollen. Denn wenn auch diese edle Creatur, der Gorilla, wie der Gibbon, Chimpanse und der Orangutan aus demselben Knoten am Lebensbaum hervorgegangen wäre wie species Mensch, so wäre doch zwischen beiden noch eine weite, weite Oede.

Denken wir uns die Erde noch als entsetzliche Wildniss ohne Cultur. Dort an einem Gestade ist alle Nahrung aufgezehrt, aber gegenüber auf einer Insel im Meer prangen noch die Bäume voller Frucht. Hunger thut weh, ein Mensch und ein Affe werfen sich in die Wogen, sie wagen der Nahrung wegen ihr Leben. Fast verschlingen sie die Wellen, schon ermatten sie. Da treibt die Strömung einen Baumstamm ihnen zu, sie ergreifen ihn und kommen an das Ufer. Mit Mühe entrinnen sie dem kühlen Grab.

Was that der Mensch und was der Affe? Zunächst stillten beide ihren Hunger, dann aber fügte der Mensch, der erkannte, dass der Baumstamm trage, etwa zwei Bäume mit Weidenruthen an einander und nahm wohl einen dritten Scheit, . die beiden Stämme zu lenken. Jener Mann, der so den ersten Versuch eines Schiffs erfand, der ist mein Ahn, er steht in directer Beziehung zum Erbauer des Great eastern, nicht aber der Vorgänger dieses Thiers, das nur sich satt frass.

Meine Damen, sie haben sich heute alle Kaffe gekocht, welche Heldenthat begingen sie? Der Mann, der zuerst das gefürchtetste der Elemente fasste, der ruhig einen brennenden Scheit ergriff und das Feuer in den Dienst nahm, das war ein Held, denn er bezwang das wüthendste der Elemente. Seine That war so gross, dass die Griechen sie einem Menschen kaum zuzuschreiben wagten. Prometheus hatte nach ihnen das Feuer den Göttern gestohlen und wurden ihm in der Unterwelt von einem Geier die Eingeweide dafür ausgehackt.

Der Mann, der das Feuer in seine Dienste nahm, er ist unser Ahn; er steht mit dem Erfinder der

Dampfmaschine, die Wasser und Feuer vermählend, das Kind derselben, den Dampf, den ungestümen Gesellen, zur Frohn zwingt, in directer Beziehung, nicht aber ein Thier, das vor jedem Feuerbrand Reissaus nimmt.

Der Mensch erfand ein Instrument, zu seinem Ziele zu gelangen, er löste die Frage zwischen sich und dem Object im Hinblick auf das All, er löste sie für immer, das entgegenstehende Element berechnend. Nicht so das Thier, es kennt nur sich und das Object, es springt drauf zu, ob es ihm gelinge.

Ein andres Bild. Noch ist finster und traurig das Leben, nur Krieg und Vernichtung giebt es auf dem Erdenrund. Die Stirn von Jedermann ist hart gegen Jedermann. Nur Mord und Kampf um's Dasein überall, niedersinkt der Schwächere, er wird niedergetreten sammt seiner Brut. Noch verständigt sich die Sippe Mensch durch Laute, nicht durch Worte, denn den augenblicklichen Affekt zu bezeichnen, die Gier, die Lust, den Schmerz, das Entsetzen, dazu genügen Laute. Interjectionen!

Da ziehen zwei der finsteren Gesellen, die lange bei einander den Kampf um's Dasein fochten, durch den Wald, der Sturm beginnt zu heulen, das Wetter hüllt sie ein. Der Donner rollt, die Blitze fahren nieder; ein Schlag erdröhnt und sieh, todt liegt der Eine auf der Erde. Der andre flieht, Entsetzen leiht ihm Schwingen, er kehrt zu seiner Sippe heim, er will verkünden, was geschah. Er ruft einen Laut, wie „Krach" und setzt ein Wörtchen wie „er" dazu und sieh, die Sprache, das köstlichste Kleinod des menschlichen Geistes, war gefunden. Das grösste Kunstwerk, so der Geist erfand, die Sprache, was war sie in ihrem Anfang anders als eine Schallnachahmung mit 'nem Wörtchen das, ich, das, du, das, er, bezeichnet. Nicht nur die Gegenwart, nein die Vergangenheit und Zukunft beherrscht fortan der Mensch durch sie. Die Geistesarbeit ist durch sie nicht die des Einen oder Andern, sie ist die Arbeit aller. — Warum erfand der Affe denn die Sprache nicht? seine Zunge ist zum Sprechen wohl geeignet. Er hat dess kein Bedürfniss, er kennt im Kampf um's Dasein nur sich und das Ziel seiner Selbsterhaltung, die Befriedigung seiner Triebe.

Doch nun ein drittes Bild, schon friedlicher und aus der Kindheit uns gar wohl bekannt. Der Mensch ist Hirt geworden und zieht mit seinem Vieh von einem Weideplatz zum andern. Er beachtet wohl den Lauf der Gestirne, der die Zeiten bestimmt, die ewig gleichmässig die vier Jahreszeiten schaffen. Er erkennt die ewige Ordnung nicht nur am Himmel, sondern auch auf der Erde, in dem Entstehen und Vergehen der Creatur. Die Ordnung weist auf den Ordner. Die Kraft hat einen Ursprung. Der Höchste,

2*

der Weltordner, kann nur ein sich selbstbestimmender Allmächtiger sein. Gott! ruft ein Abraham. Das war der grösste Schritt in der Culturgeschichte. Fortan war die sittliche Weltordnung gefunden, nicht nur der Kampf um's Dasein, nein, ein Princip der ewigen Liebe ging wie ein Strahl des Morgens durch die finstre Welt, als ein Princip des geistigen Lebens jenem wilden Kampf um's Dasein gegenüber.

Derartig sind die Ahnen des Menschengeschlechts, ein Geschlecht geistiger Entwickelung sind wir, die Allgemeinheit und die Einheit stets wieder mit einander zu verbinden

Das Thier hat Geist, gewiss. Sagt der Mensch ich denke, darum bin ich, könnte man vom Thier sagen, es ist darum denkt es. Doch sind das Ich des Thiers und das Object des Genusses die einzigen Elemente seines Denkens. Das Einzelne aus dem All, und das All im Einzelnen zu erfassen dazu fehlt ihm die Kraft. Eine creatura cogitans mag der Affe in gewissem Sinne sein, doch niemals wird er eine creatura philosophans.

So liegt denn zwischen uns und jenen zwar keine jähe Kluft, doch eine weite, weite Oede. Es ist die Beherrschung des materiellen Lebens durch die Erkenntniss und die Erfindung des Werkzeugs, den Elementen zu trotzen; es ist die Erfindung der Sprache als das Werkzeug des Geistes. Es ist die Umfassung des All, sei's in der Religion sei's in der Philosophie. Wir erkennen die Gesammtheit und von ihr aus und durch sie die Einzelheiten in ihrem Zusammenhang, das Thier aber erfasst nur Einzelheiten, so weit solche für sein physisches Bestehen von Belang sind, es hat kein Streben, das All zu erfassen.

Hohgeehrte Versammlung, ich würde es nicht gewagt haben, mich vor einer wissenschaftlichen Versammlung auf ein Gebiet zu wagen, das mir, dem Philologen, so fern steht, wenn ich nicht durch meine philologischen Studien selbst darauf geführt worden wäre. Die Philologie, als die Wiedererkennung des schon einmal Erkannten, betrachtet die Culturstufen der vergangenen Geschlechter und siehe da, sie nimmt denselben Kampf gar oft in den verschiedenen Epochen der Culturgeschichte wahr, dasselbe Ringen kühner Geister. — Der Darwinismus ist an drei charakteristischen Kennzeichen wohl erkenntlich, einmal an dem Ringen, die unendliche Vielheit der Pflanzen und der Thiere von einer Grundform abzuleiten, zweitens nimmt er Uebergänge zwischen den Stufen der Lebewesen an und drittens versucht er, zwischen Mensch und Thier durch eine Mittelstufe, den Affen, zu vermitteln. Der Darwinismus will somit im eminenten Sinn die Frage der Naturphilosophie, woher die Lebewesen? lösen und kommt somit vielfach mit anderen naturphilosophischen Systemen in Berührung.

Erlauben sie mir, in kurzen Zügen ein Culturbild

aus der Geschichte der Araber zu entrollen. Ein Culturbild der Araber? fragt man, jener fanatischen Mord-
brenner, die wie eine verheerende Lavaglut über die
reichen Culturländer des Ostens, als Boten der Vernichtung hereinbrachen? Jawohl der Araber, zwar nicht
derselben, aber ihrer Kinder. Auch die wildeste Horde
fanatisirter Wüstenbewohner, sie mag noch so sehr
sengen und brennen, es währt nicht lang, auch sie muss
sich der Seegensgestalt der Bildung beugen. — Dazu
hatte Muhammed zwar die Allmacht des einen Gottes
verkündet, und das war ein Verdienst dem heid-
nischen arabischen Cultus gegenüber, aber für die
Liebe Gottes, die eigentliche Kernlehre, und die
weltbewegende Kraft der Religion hatte er doch
nur Worte, kein Verständniss.

Durch den Widerstand gereizt, lehrte er : Gott,
der Allmächtige, sei das einzig und allein Bestimmende
nicht nur in der sinnlichen, sondern auch in der
geistigen Welt; er bestimme den Sünder zur Sünde
und peinige ihn dann im ewigen Verderben. Diese
Lehre passte wohl für den im Augenblick erregten
Nomaden, nimmer aber für Länder hoher Cultur, wie
Syrien, Aegypten und Mesopotamien.

Es währte denn auch kein Jahrhundert, dass
diese Lehre, die wie ein glutrother Feuerschein der
Vernichtung am Horizont des Ostens aufgestiegen
war, alsbald die Zeichen inneren Zwiespalts in sich

trug und dadurch das so rasch aufgerichtete Chalifen-
reich im Innern barst.

Gott, das Ideal aller Vollendung, er kann doch
nimmer der grausamste und ungerechteste aller Ty-
rannen sein und so lehrte denn die grosse Secte der
Mutasila, Gott sei fern von jeder zwingenden Tyrannei, und der Mensch sei ein frei sich selbst bestim-
mendes Wesen, nimmer aber ein stumpfer, dumpfer
willenloser Knecht.

Wer kann uns retten aus diesem Kampfe der
Verzweiflung? rief man. Ja eine Rettung giebt's und
eine Hülfe, es ist die Wissenschaft.

Seit unserer Jugend tragen wir mit uns das Bild
jener feenartigen Städte, die dort im Morgenglühn mit
aller Herrlichkeit auftauchen an den Ufern des pfeil-
schnellen Stroms, des Tigris: Bagdad und Basra, und
darin erscheint der wunderbare, weise Richter Harun
ar Raschid, der redliche Ahron, als die Sonne der
Gerechtigkeit.

Ob diese Bilder jener Zauberpracht aus der 1001
Nacht richtig, ob die Sonne der Gerechtigkeit wirklich
ohne Flecken, das ist eine andere Frage. Schon
längst ist es ja bewiesen, dass jene Geschichten indischen Ursprungs sind, und der redliche Ahron nur
zur Folie für den Gedanken eines wahrhaft gerechten
Königs dient, und er dem gedrückten armen Volk
des Ostens wie ein Ideal aus alter Zeit vorschwebt.

Aber ein anderer und vielleicht schönerer Glanz umschwebt das Diadem Haruns und seines Sohnes al Mamun. — Es ist die Beschützung der Wissenschaft. In allen Städten des arabischen Reichs wurden Schulen errichtet, alles Wissen, dessen man im untergehenden griechischen Kaiserthum habhaft werden konnte, wurde übersetzt und staunend sah man, die Trümmer jenes herrlichen Baus der Wissenschaft, wie Aristoteles ihn gefügt. Jene Trümmer, die von der Grösse der Klarheit und Schönheit der griechischen Wissenschaft zeugen.

Wo einmal die Bildung ihre Marksteine fest einfügt, da ist's vergebliches Bemühn, sie wieder auszureissen. Nach el Mamun, seit etwa 850, siegte freilich die Orthodoxie mit ihrer haarsträubenden Bestimmungslehre, sie führte ihren Streit wie gewöhnlich mit scharfen Gründen, d. h. mit dem Schwert des Henkers. Wehe dem, der offen sich als Gegner der Orthodoxie bekannte.

Aber dennoch zagten die Männer der Wissenschaft nicht, lasst uns zusammentreten durch alle Städte des Reichs, lasst einen Bund uns bilden und alles Wissen in einer wohlgeordneten Encyclopädie so vorführen, dass alle Zweifel, alle Räthsel der sinnlichen und geistigen Welt gelöst erscheinen, dass Ruhe finde der forschende Geist und gerettet werde der sittliche Gedanke. Es war im 10. Jahrhundert unserer

Zeitrechnung, dass diese Encyclopädisten ihr Werk zum Abschluss brachten. Auch sie versuchten, wie die Geister des 18. Jahrhunderts, alles Wissen in die engste Beziehung zu einander zu setzen. Die neoplatonische, auch neopythagoräische Lehre geheissen, nämlich die Theorie, dass alle Dinge uranfänglich nur geistig als reine Formen, stofflos, bestanden, und dass sowohl die geistigen als auch die stofflichen Dinge gereiht und wohl geordnet seien, wie die Zahl, ward zu Grunde gelegt. Das Wesen aller Dinge sei durch die Zahl bestimmt und wie die unendliche Reihe der Zahl doch nur aus neun Einern bestehe, so könne auch die unendliche Reihe der Dinge nur neun Stufen bilden. Die Zahl ferner ist entweder von der Eins ausgehend, zur Vielheit oder von der Vielheit rückkehrend zur Einheit ebenso müssen denn auch alle Dinge in einer Ausströmung vom Urprincip zur Vielheit oder in einer Rückströmung von der Vielheit zu dem einen Urprincip begriffen sein und in ihr bestehen. Die Welt ist wie ein sich drehendes Rad.

Gott, das Urprincip des Alls, ist gleich der Eins, die selbst keine Zahl, doch alle Zahlen in sich hegt, Gott ist selber zwar kein Ding, wohl aber der Urgrund aller Dinge. Von ihm strömt jene Urkraft der Schöpfung aus auf die Vernunft, die Zwei in der Zahlenreihe des Alls. In ihr sind die Formen aller Dinge enthalten. Sie strömt wiederum auf die Seele des Alls, die Drei im Weltsystem, ihre Kraft aus. Diese Weltseele ist recht eigentlich die Werkmeisterin der Welt, ihr liegt das Schaffen ob, doch noch ist kein Stoff da und sie schafft zunächst die Form des Stoffs, das Urbild der Materie als Nr. 4 in der Stufenreihe des Seins.

Bisher sind wir nur in dem Reiche der Formen der Urbilder, der sogenannten idealen Welt, denn eidos, idea heisst Form. Wie ist nun aber der Uebergang von der Formwelt zu der Stoffwelt?

Dem Urbild der Dinge, dem idealen Stoff wird Länge, Breite, Tiefe verliehen und hätten wir als fünfte Stufe nun die wirkliche Materie, einen Urbrei des Alls. Noch sind ungefügig roh die Massen, sie müssen sich alsbald zur schönsten Form entwickeln, zu der Kugel.

Die Kugel ist die harmonischste aller Gestaltung, ein jeder Punkt des Umfangs ist gleich weit vom Mittelpunkt entfernt. Hier kam nun die Sternlehre des Ptolemäus, wonach um die Erde, als den Vollkern, sich die Sphären der 7 Planeten eng um einanderschliessen, zu Hülfe.

Die deutschen Damen sind wirthschaftlich, sie werden es den arabischen Astronomen verzeihen, wenn sie sich das Weltall im Bilde einer Zwiebel vorstellten. Durchschneiden wir eine Zwiebel, so ist in der Mitte ein Vollkern, d. i. Erde und Wasser, darum sind

Ringe zunächst die Zone der Luft und des Aethers, d. i. des Himmelsfeuers, dann folgen die Hohlkugeln (Sphären) der 7 Planeten, dann die Fixsternsphäre, endlich die Umfassungssphäre als der Thron des Herrn gedacht, so haben sie die Allwelt in der Zwiebel, in Summa elf Kreise.

Die Planeten bewegen sich nun etwa wie die Schwärmer beim Feuerwerk in kleineren Kreisen um sich; sie steigen auf zum Oberrand und wieder nieder zum Unterrand ihrer Sphäre, die sie nie verlassen. Denn wie Oel und Wasser durch eine sichere Scheidelinie getrennt sind, so sind auch die Sphären der Planeten von einander geschieden. Sind die Planeten in der Oberabscisse, so nehmen sie von der höheren Sphäre die Weltkraft, nahen sie der unteren Abscisse, so spenden sie dem unteren Weltkreis. So geht der Erguss der Gestirne von Sphäre zu Sphäre, bis die Urkraft Gottes auch zu uns herabkommt. Da nun jeder Planet seine Spenden verleiht, berechnete man bei der Geburt eines Wesens sein Geschick wie ein Pathengeschenk dieser Wandelgestirne. Diese, so schön gebaute, Sphärenwelt entspricht der Sechs in der Zahlenreihe.

Unter den Mondsphären wirkt eine neue Kraft der Allseele, das ist die Natur als Nr. 7. Sie schafft zunächst die vier Elemente als die Acht in der Weltreihe, aus welchen alles, was hier ist, alle Producte

Stein, Pflanze, Thier und Mensch gebildet sind. Diese Producte aus den Elementen entsprächen der Neun in der Zahlenreihe.

So weit die Ausströmung, bei der gewiss dem Flug der Phantasie das Meiste zuzuschreiben ist, doch nun erfolgt die Rückströmung.

Die neuere Wissenschaft theilt das All der Stoffe in anorganische, d. i. das Mineral und organische, d. i. Pflanze und Thier. Zwischen beiden ist eine Scheidewand, welche die Naturwissenschaft bisher noch nicht überstieg. Die Philosophie zagt nicht, die Kluft zu überbrücken, denn die Einheit herrscht im All. Auch im Gestein ist Wandlung, folglich eine Regung zum Leben. Ein Unterschied freilich herrscht zwischen Mineral auf der einen und Pflanze, Thier und Mensch auf der anderen Seite. Diese haben eine Seele, d. h. ihre Entwickelung geht von innen heraus, der Stein aber nicht. Nur die Verbindung der Elemente schafft ihn. Wenn aber auch die Pflanze die Begehrseele, das Thier die Zornseele und der Mensch die Vernunftseele hat, so giebt es doch auch im Pflanzen- und Thierreich eine Stufe, die wie das Mineral aus der blossen Verbindung der Elemente hervorgeht, das ist die schon von Aristoteles angenommene generatio aequivoca, eine Geschöpfbildung aus der blossen Vereinigung der Elemente.

Wie gelangen wir, so ist die Frage, von dem

einfachsten aller Stoffe, in dem tiefen Schooss der
Erde hinauf zu dem höchsten, das All in seiner Allmacht hervorrufenden Wesen. Die Araber lehren: die
durchnässte und dann von der Sonne gedörrte Erde
ist der Anfang jenes Hartstoffs, des Minerals. Wie
viel dergleichen Stoffe lassen sich nicht leicht zer-
reiben. Erde und Wasser, Trocken und Feucht, das
sind die ersten Gegensätze, beide vereint bilden die
erste Grundlage des Werdens. Edler wird dieser
Stoff, wenn in den Höhlen der Erde die Grubenhitze,
d. i. das Feuer, sie bearbeitet. Nämlich so: Die verschiedenen Feuchtigkeiten und Dünste im Innern der
Erdhöhlen lösen sich, wenn die Grubenhitze sie rings
umgiebt, auf, sie verflüchtigen sich, werden leicht und
steigen empor zum Oberrand der Tiefgründe. Dort
verweilen sie bis im Sommer das Innere der Erde
kalt wird, dann gerinnen sie, verdichten sich und
fallen zum Grund der Höhlen zurück. Hierbei vermischen sie sich mit dem Staube der Landstriche und
verweilen am Boden unter dem fortwährenden Kochen
der Grubenhitze. Sie werden durch das lange Stehen
geläutert, werden dick und schwer und so zu zittern-
dem Quecksilber.

Die öligen Lufttheile in den Gruben werden
dagegen mittelst der Staubtheile, die sich ihnen
beimischen und vermöge der sie kochenden Hitze zu
Brennschwefel.

Quecksilber und Schwefel werden nun zum Stoff für eine Neubildung, nämlich für die edlen Metalle.

Ob nun Gold, Silber, Kupfer, Blei aus beiden entstehe, daran ist nur der böse Zufall schuld. On doit corriger la fortune, sagt nun der weise Mensch, man reparire den Unfall, der jene beiden Urstoffe bei ihrer Verbindung traf und mache aus dem gemeinen Blei das edle Gold. Daher die Alchemie, die Goldmacherei, die das ganze Mittelalter hindurch im Schwunge war.

Ist aber auch der todte Stein ohne Seele, ohne Leben, so regt sich doch schon eine Ahnung in demselben; ist nicht zwischen Eisen und Magnet eine Sehnsucht, wie zwischen dem Liebenden und der Geliebten?

Die zusammenbackende todte Erde war der Anfang des Gesteins, die frisch zusammenbackende und dann lebende Erde das Ende desselben. Das Ruinengrün, eine kleine Flechte auf dem Gestein, eine Luftalge, die am Morgen grünt, am Mittag aber vor der Sonne Glut verbrennt, das ist die Mittelstufe zwischen Stein und Pflanze, die hilft hinüber über jene Kluft. Sie ist ein Pflanzenmaterial, wohingegen die Morchel, jener Erdschwamm, der weder Blätter, noch Blüthe, noch Frucht hat, jedoch wächst und zunimmt, ein Pflanzenmineral ist. Denn das Wesen der Pflanze liegt im Wachsthum, in der Entwickelung des Keims zum Stengel und Blatt, zur Blüthe und Frucht; die Morchel aber hat keins davon, obwohl sie wächst.

Zwei Bogen überbrücken also die Kluft zwischen Mineral und Pflanze.

Das Reich der Pflanze ist gesetzt als Vermittlung zwischen der todten Erde und der lebenden Creatur. Jenem von selbst erspriessenden Kraut folgt die aus dem gestreuten Samen gezogene Pflanze und dieser der aus Stecklingen entwickelte Baum.

Wo hört aber das Pflanzenreich auf und wo beginnt das Thierreich? Eine Brücke muss es geben, denn keine Kluft giebt es im All. Die Palme, die treue Pflegerin der ältesten Cultur, ist ein wunderbarer Baum, schlank wie eine Säule, astlos steigt sie gen Himmel und wiegt auf ihrer Höhe die schöne Krone. Sie ist die treuste Pflegerin der Cultur. Weithin schreckt noch die Wüste mit ihrem gelblich grauen Grunde das Auge, doch dort in weiter Ferne wiegen sich, wie es scheint, grünende Dome in der Luft. Die ermatteten Dromedare erheben die trocknen Nüstern, das erschlaffte Auge wird neu belebt. Dort ist eine Oase, dem weithin todten Schooss der Wüste entstieg der wunderbare Baum, ein Prachtwerk der Schöpfung, und siehe da, im weiten Grabe der Natur ist Leben, ist Rettung von dem Tod zu finden. Der lechzende Gaumen findet dort erfrischend Wasser.

Die Palme kennzeichnet die Stätte des Lebens,

und o Wunder, in ihr ist Mann und Weib geschieden, da seht ihrs, an ihrem Ende grenzt die Pflanze mit dem Thier, die Palme ist die Thierpflanze. Aber auch ein Pflanzenthier giebt's, seht im Rohrknoten lebt eine kleine Libelle, ein Würmlein, das mit seinem weichen Körper hin und her sich bewegt, entweder um weiche Stoffe einzusaugen oder um vor harten sich zurück zu ziehn. Seht da, halb Pflanze ist's, halb Thier, es ist ein Thier der niedrigsten Stufe, hat nur einen Sinn, den Tastsinn. Auch die Pflanze hat denselben, weiss sie doch ihre Wurzeln den feuchten Stätten zuzustrecken. Dann folgen andre Creaturen mit zwei Sinnen, dem Tastsinn und Geschmack, wie der Wurm auf dem Baumblatt, dann die mit drei Sinnen, Tastsinn, Geschmack, Geruch, wie die Thierlein auf dem Grunde der Gewässer und an dunklen Stätten, dann folgen Thiere mit vier Sinnen, Tastsinn, Geschmack, Geruch und Gehör, wie die Kriecher und Schwärmer an dunklen Stätten, endlich Thiere vollständiger Construction, mit vollen fünf Sinnen. Sie unterscheiden sich dann unter einander durch die Güte derselben. Zu den letzteren gehört auch der Mensch.

In einem feinen, von der Orthodoxie noch sehr beherrschten Culturlande, wie Frankreich im 18. Jahrh. war, konnte eine Kluft zwischen Thier und Mensch gesetzt werden, bei den semitischen Völkern, wie

Juden und Arabern, die noch ein klares Bewusstsein ihres Nomadenlebens behielten, kaum.

Ist's denn nicht klar, meinen sie, der edle Mensch erhebt sich über die Stufe der Thiere, um dem Engel zuzustreben, der niedere Mensch hingegen sinkt hinab, weit weit unter das Thier. — Wo ist die Grenze?

Das Verhältniss zwischen Mensch und Thier darzustellen, bilden nun diese Philosophen eine liebliche Allegorie. Ein Schiff voll der verschiedensten Leute treibt an eine Insel, die von dem gerechten König der Genien beherrscht wird.

Die Menschen fangen alsbald die ihnen nützlichen Ein- und Zweihufer ein und zwingen sie zur harten Frohn. Jene beschweren sich bei dem gerechten Genienkönig welcher dann Mensch und Thier vor seinen Richterstuhl beruft. Die Thiere senden Boten zu allen ihren Sippen. Wir haben hier eine Siebentheilung. Die Ein- und Zweihufer, Raubthiere, Singvögel, Raubvögel, Meerthiere (also Schwimmer), Schwärmer und Kriecher, bilden alle wohlgeordnete Staaten unter einem besonderen Herrscher. Alle senden die Beredtsten zum Wortstreit. Der Mensch beruft sich auf seinen Wuchs und die aufrechte Haltung, aber der Wuchs der Thiere beweist dieselbe Weisheit Gottes; auf die Feinheit der Sinne, die der Thiere ist grösser; auf seine Künste; die Biene beweist in ihrem wohlgeordneten Bau und der Seidenwurm in seinem

3

feinen Gespinnst eine grössere Kunst; er beruft sich auf
seine Tugenden, aber die Zahl seiner Laster ist grösser
als die seiner Tugenden. Schon scheint beim Wortstreit
die Wagschale des Menschen emporzuschnellen, denn
sein Sittenspiegel ist sehr trüb und dennoch wird
ihm die Palme, weil er das Wesen des Alls, die Ausströmung von Gott und die Rückkehr zu ihm, zu erfassen vermag.

Keine Kluft ist somit zwischen Thier und Mensch,
das Walten der göttlichen Urkraft beweist sich in
diesem und jenem; nur graduell sind sie verschieden.
So lehrte schon das 10. Jahrhundert.

Unter den Thieren, welche den Uebergang zum
Menschen, der in diesem System den Mittelpunkt
zwischen der sinnlichen und geistigen Welt darstellt,
bilden, tritt zunächst der Affe hervor, der wegen
seiner Aehnlichkeit mit dem Menschen die Hand-
lungen desselben nachahmt.

Weiter konnte man nicht gehen, da schon der
Koran die Affenfrage entschieden hatte. Muhammed
sah, wenn er durch Widerspruch gereizt war, überall
Beweise von der strafenden Gewalt Gottes. Den Juden,
die seine Prophetenwürde nicht anerkannten, rief er zu:
„Soll ich euch noch schlimmere Kunde geben, von denen,
die Gott verfluchte, denen er zürnte, und die er zu
Affen und Schweinen machte". Die Commentare wissen

das genauer, die jungen Juden machte Gott zu Affen, die Alten aber zu Schweinen.

Aber eine Art näherer Beziehung zwischen Affen und Menschen muss doch im Geiste des Volks gelebt haben, denn um den Gedanken zu verkörpern, dass wir hier nur Fremdlinge seien, unsere wahre Heimath aber im Reiche der Ideale bei Gott sei, bilden diese Philosophen eine neue Allegorie.

Ein von Männern besetztes Schiff wird durch die Gewalt der Winde an einer fernen wüsten Felseninsel zerschellt, mit Mühe retten sie das nackte Leben. Diese Insel ist nun nicht von Menschen, wohl aber von Affen bewohnt. Die Menschen beginnen sich mit den Aeffinnen zu paaren und führen ein sinnlich unwürdiges Leben. Endlich kommt einer von ihnen zum Bewusstsein seines früheren besseren Daseins, er sehnt sich zurück und beredet einen seiner Genossen, mit ihm ein Floss zu fügen und in die wahre Heimath heimzukehren. Allmählich sammelt sich eine kleine Schaar, um ein Schiff zu bauen und zur wahren Heimath heimzukehren; doch während sie am Rumpfe zimmern, kommt plötzlich ein grosser Vogel, der sonst von den Affen auf der Insel sich nährte; der ergreift einen jener Menschen und fliegt mit ihm davon durch die schwindelnde Höhe der Luft. Aber siehe da, im Fluge erkennt der Vogel den Irrthum, dass er nicht einen Affen, sondern einen

Menschen ergriffen, und lässt gerade in der früheren Heimath die falsche Beute nieder. Wie ist die Freude dort doch so gross über die Heimkehr des verloren Geglaubten. Die auf der wüsten Insel trauern zwar, dass der Vogel, d. i. der Tod, den Genossen davontrug, er aber wünscht, dass auch ihre Seelen, jenem niederen Leben entrückt würden, um mit ihm der wahren Heimath sich erfreuen.

Die Vorstellungen von der nahen Beziehung zwischen Affe und Mensch herrscht bei den Arabern und wird dieselbe durch einen Reisenden Ibn Batutah im 13. und 14. Jahrhundert bestätigt. Ibn Batutah besuchte Ceylon. Ceylon (Serendib) ist den Arabern ganz besonders wichtig. Nach einer alten Vorstellung findet die Schöpfung der Creatur unter dem Aequator statt, wo die Stoffe wohl vorbereitet waren. Da muss auch Adam und Eva gelebt haben und zeigte man in Ceylon auf einem hohen Berg die Stapfen unseres Urvaters und unserer Urmutter, die übrigens auf einem grossen Fuss gelebt haben müssen, denn Adams Stapfe war neun Spannen lang. Ibn Batutah erzählt nun hierbei Folgendes von den Affen: Wir kamen zur Affenbucht. Diese Thiere sind auf diesem Berg sehr häufig. Sie sind schwarz und haben einen langen Schweif. Die Männchen haben einen Bart, wie die Menschen. Der Scheich Othman und andere zuverlässige Leute erzählen, dass diese Affen einen Führer hätten, dem sie wie einem Herrscher folgen. Auf seinem Haupt ist eine Binde (Turban) von Baumblättern, er stützt sich auf einen Stab. Vier Affen mit Stäben gehen ihm zur Rechten und zur Linken und stehen aufrecht hinter ihm, wenn sich der Affenchef niederlässt. Sein Weib und seine Kinder kommen täglich und setzen sich vor ihm nieder. Die andern Affen aber, halten sich in einiger Entfernung. Einer der Vier spricht zu ihnen, worauf sie sich entfernen, und darauf wieder erscheinen, ein jeder mit einer Banane oder Limone oder ähnlichen Frucht. Der Affenkönig, seine Kleinen und die vier Hauptaffen essen davon. Jemand erzählte mir, er habe diese vier Affen vor ihrem Chef, einen Affen mit den Stöcken schlagend und ihm das Fell zerzausend, gesehen. Zuverlässige Leute berichteten mir ferner, dass, wenn sich einer dieser Affen eines Weibes bemächtige, so könne sie sich seiner nicht erwehren, ohne dass er ihr Gewalt angethan, und werden Zeugen dafür angeführt. Voyages d'Ibn Batoutah. Paris 1858. IV. 176.

Geehrte Versammlung. Denken Sie, wir stünden beim Grauen des Morgens an dem Ufer des wild wogenden Meers, noch schwebt Finsterniss über der Tiefe, da beginnt im Osten das Glühn und fahren die Glutpfeile des Morgens daher, die Finsterniss zu scheuchen. Nur einige Wogenkämme der wallenden

t

See werden erleuchtet und gewähren Einblick dem
staunenden Auge.

Jene finstere Flut ist das Bild einer lange Jahrhunderte währenden Nacht in der Culturgeschichte
zwischen der untergegangenen alten Bildung im achten
Jahrhundert und der Zeit des Erblühens der Wissenschaft in der neuen Akademie im 15. Jahrhundert.
Doch einige Lichtpunkte giebt's, daran halten wir uns,
einen Ring nach dem andern von der zerrissenen Kette
der Bildung wieder aufzufinden. Denn nimmer ruht
der forschende Geist. Mir aber, dem Arabisten, wäre
es ein hohes Glück, wenn eine Versammlung, wie
diese, anerkennen möchte, dass auch die Völker des
Ostens, besonders die Araber, obwohl fast erdrückt
von dem Eisenjoch des harten Dogmas, obwohl stets
bedroht vom Schwert des Henkers und verfolgt von
der Wuth harter Tyrannei, dennoch Männer hervor-
riefen, welche mit kühner Stirn und treuem Herzen
alle Keime der Bildung hegten und zu einem neuen
Geistesleben heranpflegten; dass auch sie ein Mittelglied in der Reihe der Culturvölker bilden. Denn
nimmer ruhen die Streiter des Geistes, ist eine Reihe
geschwunden, tritt eine andere in ihre Fussstapfen,
furchtlos den Kampf mit der Finsterniss zu wagen,
um die grosse Frage der Menschheit, woher die Welt
in ihrer bunten Vielheit? mit immer neuer Jugendkraft
zu lösen.

Antidarwinismus.

Zwischen den jetzt lebenden Wesen und ihrem Uranfang liegt eine dichte Decke. Wer kann die dunklen Schleier lüften? wessen Auge vermag denn aus dem hellen Licht des Tags mit einem Blick in die dichteste Finsterniss der Nacht zu schauen?

Was wir sehen und erkennen, ist ein Kreislauf, der nimmer endet. Von der Henne stammt das Ei und aus dem Ei ersteht das Küchlein, das heranwächst einst neue, gleichartige, zu gebären. Von der Eiche kommt die Eichel, die in den Schooss der Erde die zarten Fasern treibt, von dort die Kraft zu nehmen um mit ungeahnter Macht hervorzutreiben, den Baum zu bilden, der wiederum gleiche Frucht trägt, sowie sein Saame war. —

Es ist als gäbe es einen Eisenring, der unser Erkennen als Grenze umspannt, an ihm läuft Jahrtausende hindurch der Geist des Menschen, einen Umlauf nach dem andern. Doch nimmer kommt er an den Punkt den Zauberreif zu lösen.

Die kühnsten Helden auf der Arena des Geistes versuchten diesen Bann zu brechen und den Anfang alles Seins zu finden. Philosophen und Theologen wollten in die unergründliche Tiefe, aus der die Gebilde des Seins hervortauchen, hinabschauen; aber immer gähnte eine neue Kluft ihnen entgegen.

Erkenne den Ursprung und das Wesen aller Dinge, so lautet die Devise an dem geistigen Streben der ganzen Menschheit.

Bisweilen ist's als ob ein Blitz das Dunkel erhelle, denn ein genialer Blick eines Forschers drang in die Tiefe, neues Licht verbreitend und doch kam immer wieder die Menschheit zum Bewusstsein, das Erschaute war nur ein Abglanz, nur ein Schimmer; man hüte sich den blossen Schimmer fürs Urlicht zu nehmen.

Denn zu dicht hängen die Schleier vor dem Allerheiligsten der Natur, und zu fest sind die Siegel gedrückt, die das geheimnissvolle Buch des All verschliessen.

Wir leben in Berlin. Einst erstrahlte weithin der Glanz unserer Hochschule in dem Namen „Hegel". Dieser Philosoph hat offenbar grosses Verdienst. Das Sein an sich sei zunächst nicht zu erkennen, vom Nichtsein sei zu beginnen. Nichtsein, Werden, Sein waren die drei Etappen des Denkens und der Dinge. Aus jener Dunkelheit der Negation spannt sich die Brücke des Werdens hin zum Sein. Das Werden ein Mittel zwischen Nichtsein und Sein ist, sei das Bereich für das menschliche Erkennen. — Und gewiss ein Schimmer von Wahrheit lag darin. Ist denn wirklich so können wir fragen die Erde, oder ist wirklich die Sonne. Fassen wir das Sein, als das in sich absolut vollendete, keiner Veränderung unterworfene, ewige, in sich harmonische Bestehn, nun dann: zweifle an der Sonne Licht und am Bestand der Erde. War die Erde nicht einst als eine Tochter Sonne, eine Feuerkugel, die da barst und ihren inneren Kern als Hochgebirg gen Himmel hob. Ruht nicht im Hochgebirg die reiche Zahl der Gletscher wie die von der Kälte gebändigte und gelähmte Kraft der Natur und diese Welt im Eis rutscht langsam nieder viel Geröll des Hochgebirgs im Schoosse tragend, das dann von der Wärme gelöst und wieder von der Wucht gedrückt in der Moräne mit dem Gletscher langsam niedersteigt. Wird nicht das Geröll in der stürmenden Ache dort weiter gerollt und verkleinert? Werden nicht Theile desselben als Sand auf langer Reise fortgeführt bis in's Meer, auf dass die niemals ruhende stürmende Woge es bald hier anwerfe an die öde Dünne oder dort hinwegraffe. [1]) Aendert sich also nicht das Angesicht der ewigen Berge? Bringt nicht oft ein sonst so zahmes Rinnsal grosse Massen von Gebirg herab ganze Thäler zu verschütten. Ist nicht die Sonne bei der fortwährenden

1) Auf eine solche Wahrnehmung gestützt, behaupten die arabischen Weisen des 10. Jahrh. in je 36000 Jahren, in welchem Zeitraum die Sonne den Wendekreis durchmesse, ändre sich das Antlitz der Erde — die Höhe werde Tiefe und die Tiefe Höhe.

Ausstrahlung einer Abkühlung unterworfen? Ist also die Sonne oder ist die Erde in jenem Sinn des Seins par excellence? —

Die ältesten Culturstufen zeigen schon das Pferd. Freilich sind das ägyptische Pferd, das assyrische, das griechische, das römische und dann wieder das arabische, das englische im Einzelnen verschieden, bald sind sie gedrungen, bald schlank, bald gross, bald klein. Ist nun Gattung: Pferd oder ist sie nicht?

Sind denn die Blätter des Baumes? da doch der grosse Leibnitz der philosophischen Königin, Preussens Sophie Charlotte, die den Weisen nach dem Warum des Warum fragte, bewies, dass in einem ganzen Korb von Blättern nicht zwei einander ganz gleich seien? Das Sein an sich, der Begriff der absoluten Vollendung und Ewigkeit, ruht zwar tief im innersten Kern unseres Selbstbewusstseins, weshalb er dem Allmächtigen, Allweisen Gott, zugetheilt wird, in der Natur aber ist er nicht zu finden.

Der Anfang, das Nochnichtsein, ruht im Schoosse der tiefsten Tiefe, die Vollendung, das Ende, das Sein an sich, steht auf der höchsten Höhe, aber der Bogen welcher zwischen beiden geschlagen und auf welcher, wie auf einem Himmelsbogen die Creaturen und Dinge in ewiger Wandlung sich bewegen, das Werden, das ist zu einem geringen Theil unserem Auge offenbar.

Alles was wir erkennen seiend wird es — und werdend ist es — es hat Theil wohl an der Unvergänglichkeit der Form, und ist doch selbst im Stoff vergänglich. — Nämlich so: Das Einzelne, das Individuum ist in einem raschen Wandel des Entstehens und Vergehens, es steigt auf von einem Anfang, der dem Nichts gleicht, entwickelt sich zu der ihm möglichen Entwicklungsstufe, um dann wieder schwindend hinabzusinken zu den geringen Uranfängen seiner Entstehung.

Die Gesammtheit aber der es angehört ist schon ein gewaltiger Kreis, da hängen fester in einander die Fugen des Bestehens, das Individuum vergeht, die Art aber besteht. — Die Art, die das Wesen vollkommen in sich birgt, besteht; während das Individuum das nur Theile vom Wesen der ganzen Art hat, wandelnd ist.

So war es bis Heute, hatte man Unrecht? —

Gattung Pferd — der uralte Gehülfe des Menschengeschlechts, ward durch die Kunstzucht aus dem kleinen arabischen Schlag zum grossen englischen Vollblut heraufgezüchtet, es verfiel in den Steppen Amerikas von dem gezähmten Träger des Menschen zum scheuen Unband, und doch es blieb wie in ehernen Umkreis gebannt — Pferd — es kommt aus seinem Kreis nimmer heraus indem es werdend ist, und sciend wird.

Sein oder Nichtsein so gilt die Frage; ist Gattung Pferd oder ist sie nicht. — Viertausend Jahre
im Einzelnen wandelnd, im Ganzen bestehend.

Die hegelsche Philosophie, welche so lange florirt
verlor an Gunst; sie hatte zur Hauptfeindin die
Naturwissenschaft. Der grosse Philosoph wollte zu
sehr alle Dinge construiren, er nahm zu wenig Rücksicht auf das, was wirklich war — das Wirkliche ist
vernünftig und das Vernünftige ist wirklich und da
die Vernunft das Vernünftige zu erfassen im Stande
sei, so meinte man, so sei eo ipso der Philosoph
auch Herr alles Vorhandenen.

Die Gesetze der Natur und die unserer Vernunft sind dieselben. Warum soll also der Philosoph die Natur nicht construiren? Hegel rechtfertigte
daher aus philosophisch-mathematischen Gründen die
Siebenzahl der Planeten. Aber die Sternkundigen
unterliessen es doch nicht sich nach mehr umher-
zuschauen — die Neugierigen! was hatten sie noch
am Himmel zu suchen nachdem der Philosoph ge-
sprochen, sie erlaubten es sich sogar noch in demselben Jahre die Ceres zu entdecken.

Nicht aus dem Begriff die Dinge zu construiren,
sondern von den Dingen den Begriff zu abstrahiren,
war dagegen der Weg der Gegner, man ging ihn
indem man dabei an der Hand des treusten Lehrers
aller Denker, an der Hand des Aristoteles die Richt-

schnur durch das finstre Reich des Zweifels suchte.
Es war dies ein Verdienst des Prof. Trendelenburg.
Man möchte wähnen, es sei jetzt die Zeit der Re-
vanche für jenen grossen Philosophen. Die Philosophie construirt jetzt nicht mehr so viel, doch desto-
mehr beginnt in der Naturforschung, die Zoologie,
zu construiren, zu speculiren. Darwin ist gewisser-
massen der Hegel der Zoologen. Eine Hypothese,
die man für vernünftig hält, soll drum auch wirklich sein.

Ein neues Zauberwort erfand dieser Meister, das
ewige Werden im Bereich des Lebewesen zu bezeichnen. Die natürliche Zuchtwahl ist das Zauberwort, das die finstre Höhle der Natur eröffnen und
die geheimnissvollen Schleier vor dem Ursprung alles
Seins zerreissen soll.

Die natürliche Zuchtwahl, der Kampf um's Dasein, der Streit um die Minne, alle drei Ausdrücke
bezeichnen eigentlich dasselbe.

Von Hunderten entstehender Wesen kommt vielleicht nur Eins zur Entwicklung, denn kaum ist die
junge Brut aus dem ersten Stadium der Entwickelung, ist auch der Kampf ums Dasein da. Es gilt
ein stetes Ringen, Rennen, Kämpfen um das tägliche
Brod. Gelingt es den Kleinen dasselbe zu erringen,
erstarken sie, sie werden gross und reifen heran.

Sind sie herangewachsen und in der Vollkraft

ihrer Jugend, so gilts einen anderen Kampf, nicht mehr um die Erhaltung des einzelnen Ichs, des Individuum, nein es gilt den Kampf um die Erhaltung der Sippe, der Art. Das ist der Kampf um die Fortpflanzung, das ist der Paarungskrieg.

Die Paarung ist das Geheimniss der Schöpfung. Das im steten Werden begriffene Individuum kann nicht allein sich in das Seiende — die Art — versenken, es bedarf dazu eines andern Individuum, das ihm zwar ähnlich aber doch in Etwas von ihm verschieden ist und es ergänzt. Es bedarf dazu der Mann des Weibes und das Weib des Mannes.

Nicht ein Individuum allein ist in Hinsicht auf die Art ein Ganzes, sondern nur Mann und Weib zusammen können an dem Wesen des Seins im Bereich ihrer Art theilnehmen. Das im ewigen Werden begriffene Einzelwesen kann an das Leben der Art nicht herantreten. Nur ein Paar kann in gegenseitiger Hingabe zu einander an die Schwelle zwischen Werden und Sein gelangen, um ein neues Werden aus ihrem Sein zu bedingen.

So mochten wir die Paarung auffassen, als eine Wechselwirkung zwischen dem ewigen Werden des Individuums und dem Bestand der seienden Art und so ward sie bisher gefasst. Anders die Schule Darwins. —

Durch die Paarung, d. i. den Kampf um die

Fortpflanzung kommt eine stete Abänderung in jede Klasse der Lebewesen, denn die Individuen, welche eine nützliche Abänderung im Urtypus einer jeden Sippe an sich tragen, haben die meiste Aussicht und den gegründetsten Anspruch die Blumen der Liebe zu pflücken. Das ewig weibliche zieht uns hinan, singt der Dichter und er hat Recht, im Weibe liegt die Ergänzung des Mannes, dass beide herantreten an die Schwelle des ewigen Seins. Im Weibe ruht die Philosophie des Unbewussten, sagt E. v. Hartmann. Sie wählen practisch jene zarten Wesen, die Weiber; nur der Mann, der Kraft und List beweist und somit eine Garantie für die Zukunft des kommenden Geschlechts bietet, wird als Galan beliebt. Das Männchen mit der passenden Abänderung der Gattung, hat am meisten Chance, auf dass das Vernünftige auch wirklich werde.

Dadurch kommt eine allmälige Abänderung in eine jede Sippe und habe dies Gesetz nirgends eine Grenze. Die unendliche Kette der Entwicklung ist also wie eine weite weite Perspective dem Auge des Geistes hingestellt, das niedrigste geringste Wesen entwickele sich durch diesen Kampf zum höheren, dies wiederum zum höheren, die Schranken zwischen den verschiedenen Arten sind aufgehoben, vom kleinsten Schleimkügelchen, dem Protoplasma das dann beginnt sich zu bewegen, und mit Wimperfüsschen

4

im Wasser zu rudern, bis zu dem frei und selbst-
ständig, das All geistig umfassenden Menschen, eine
Kette der Ewigkeit durch Myriaden von Arten d. h.
Stufen hindurch durch die natürliche Zuchtwahl. Dass
dem so sei — obwohl Beobachtung und Erfahrung
durch Jahrtausende dem denkenden Menschen bewiesen, dass die Arten sich in sich zusammen und
gegen die anderen Arten abschliessen, das bezeuge
die Embryologie. Ein jedes Wesen mache in seinem
embryonalen Zustand den früheren Zustand seines
Seins durch; das bezeuge ferner der Atavismus
oder der Rückfall von der höheren Stufe der Entwicklung zur früheren, niederen, welcher bisweilen
vorkomme, das beweise endlich das Vorhandensein
von Rudimenten, d. h. verkümmerten Organen, die
wir in unserem Leibe als nutzlosen und unserem
Leben gefährlichen Ballast mit uns herumtragen. —

Die natürliche Zuchtwahl

oder den Kampf ums Dasein, der in dem Kampf um
die Minne gipfelt, erkannt und hervorgehoben zu
haben ist ein grosses Verdienst Darwins.

Dieser Meister hat mit scharfem Auge das Leben
der Thiere beobachtet und das Kämpfen und Ringen
derselben wohl erkannt.

Ein solcher Kampf um die Fortpflanzung existirt,

er muss existiren, denn ohne einen solchen würde
eine jede Art entnerven. Zur Erhaltung der Art ist
dieser Kampf durchaus nothwendig. Wie man aber bei
dem jetzigen Zustand der Creatur aus diesem Kampf
den Uebergang von einer Art zur anderen erklären
soll, ist immer noch ein undurchdringliches Geheimniss. Die Hypothese muss hier helfen und ganze
Reihen Creaturen, die nicht vorhanden, setzen. Obwohl
zwischen vielen Gattungen dieser Welt nur ein kleiner
Abstand ist, muss doch noch immer eine ganze Reihe
gedachter Zwischenstufen angenommen werden. —
Denn nach der Meinung der neueren Zoologie, wären
dieselben vernünftig, da dann der Uebergang möglich,
sie müssen also auch wirklich sein. Zudem finde
man einige der vermissten Stufen in den Versteinerungen der Urwelt.

Mit Gesang und Farbenspiel, mit Kraft und Gewandtheit, mit Schlauheit und List wird im Thierreich der Liebeskampf geführt. Das trillert und
schillert, das girrt und schwirrt, das rauft und schnauft,
das keucht und fleucht, das umkreist und beisst, das
spreizt und beizt, das schnalzt und balzt, das springt
und singt, das zirpt und wirbt, das tänzelt und
schwänzelt da in dem Hochzeitsmorgen der Natur
dem Weibchen zu gefallen herum, und selbst die
zarte Blume legt auf den Alpenhöhen deshalb grade
den blendendsten Schmelz als Hochzeitsgewand an

4*

um die wenigen bis hierher gelangenden Insecten durch ihren Glanz dazu zu verlocken, in ihren Kelch einzuschlüpfen und sie mit dem an ihren Füssen und Flügeln haftenden Blüthenstaub zu befruchten. Und das sind die Blumen, die sogenannten Keuschen der Natur. Ach diese Nonnen auf der Höhe!

Aber bei dem in der Natur stattfindenden Kampf streiten doch nur gleichartige Männchen vor den gleichartigen Weibchen, und haben diese Weiber doch nur Sinn für die Vorzüge ihrer Sippe. Der Kampf entbrennt und bleibt im Reich der Gattung. Nimmer wird er in der jetzigen Natur über die Grenzen derselben hinausgetragen.

Definirt man den Begriff „Schön" mit „Begehrungswerth", dann würde man sagen müssen, der Schönheitssinn des Thiers ist mit den Grenzen der eigenen Sippe beschlossen.

Es müsste wirklich erst bewiesen werden, dass eine Spatzin sich vom Gesang des Nachtigallen bethören liesse, während sie allbekannt doch nur dem Geschrei ihres Rothkopfs ihr Ohr leiht und dadurch die Welt vor einer musikalischen Mesalliance bewahrt. In der lieblichen Dichtung „Hanne Nüte" von Fritz Reuter, wirft freilich die durch nestliche Sorgen zurückgehaltene Spatzin, denn sie bebrütete eine grosse Nachkommenschaft, ihrem etwas zweifelhaften Gatten, seine feurigen Blicke auf die Geelgans (Grinsling)

vor, aber auch dieser sonst nicht ganz sichere Patron
bekennt, dass er zwar kein Unmensch sei, aber so
etwas könne man ihm doch nicht zumuthen. Spatz
und Nachtigall liegen zwar weit auseinander, aber die
Grasmücke z. B. ist doch ein ganz anständiges Mit-
glied im Chor der Waldsänger und doch der Nach-
tigallhahn, welcher die Soloparthie im Waldgesang hat,
giebt sich mit keiner Grasmücke ab. Die Gesangs-
rollen sind also genau geschieden. Welcher Solosänger
kümmert sich viel um einen Choristen! —

Es müsste wirklich erst bewiesen werden, dass
der in der Ebene rasche Hase nichts sei als die Fortsetzung des in den Bergen wie ein Fausthandschuh
am Jäger vorbeiflitzenden Kaninchens, dass beide
sich paaren und der Fortpflanzung fähige Junge erzeugen.

Ist es denn überhaupt Recht den Begriff der Ver-
vollkommnung hier einzuführen oder sind nicht beide
gleich vollkommen in ihrem Beruf, füllen nicht beide
ihre Stelle im Haushalt der Natur aus, sind also nicht
beide gleich vollkommen. Wozu sich alles nach
einander denken was doch nebeneinander in
voller Harmonie besteht und auf Gegenseitigkeit an-
gewiesen ist.

Ein Kampf um die Minne findet im Thierreich
statt, doch ist er nicht ein absolutes Naturgesetz;
wäre er das und gälte wirklich nur die force majeure

im Reich der Liebe; ergäben sich immer nur dem kräftigsten, vollkommensten Männchen alle Weibchen, so müssten da offenbar die gleiche Anzahl von Mann und Weib geboren werden und zur Entwicklung gelangen, alle Thiere in der Polygamie leben. Die orientalische Ehe ist aber nur eine Ausnahme beim Gethier, die Einweiberei dagegen das gewöhnliche und natürliche.

Bei den niederen Regionen der Insecten ist sogar die Einweiberei das einzig mögliche. Gilt doch hier „der Mohr hat seine Schuldigkeit gethan, er kann gehn". Büsst doch das Männchen die Liebe mit dem Tode. Welch' hohe Poesie im niederen Reiche der Natur! Durch Liebe sterben diese Schwärmer.

Selbst aber wenn bei einer Sippe, wie etwa beim Hirsch, Vielweiberei herrscht und ein ganzes Rudel Hirschkühe einem Sieger folgt, ist dann etwa die Herrschaft dieses Thiersultans absolut? Giebt es nicht Beihirsche, die sehnsüchtig und schlau zugleich den Harem jenes gehörnten Herrn umschwärmen. Ist nicht öfter ein Beihirsch so glücklich den Dornenpfad seines einsamen Lebens mit dem Glück der Minne zu verschönen. Er benutzt einen Augenblick, wenn der eifersüchtige Herr mit einem andern Hirsch kämpft und manche Hirschkuh erhört den einst Besiegten, sie begnügt sich also mit der zweiten Qualität.

Wir möchten meinen, dass Darwin zu sehr von

der Kunstzüchtung durch die Menschen ausgehend, zu wenig auf die Naturzüchtung Rücksicht nimmt. Dem siegenden Hengst auf der Rennbahn von Derby werden, das ist wahr, eine grosse Zahl Stuten zugeführt um Rennpferde zu züchten. Zu dem auf der Ausstellung gekrönten Schafbock, der vielleicht 20 Pfd. Wolle trägt, werden von dem Schäfer viel Schafe gesperrt, um reiche Wollschafe zu gewinnen. Ist dem aber wirklich so in der Natur? Gleichviel Individuen beiderlei Geschlechts erreichen die volle Entwicklung, gleichviel Männchen und Weibchen begehren die Paarung. Nun giebts zwar ein schlimm Gebalge, dort auf dem Kampfplatz der Liebe, ist aber die Paarung geschehn, hört der Scandal auf. Der stürmische Liebhaber wird ein solider Ehemann. Denn in der Natur kommt es nicht wie bei der Kunstzüchtung durch Menschen auf die blosse Erzeugung von Jungen an, sondern noch viel mehr auf die Aufbringung der Brut. Das ab und zu ein quid pro quo oder vielmehr ein quae pro qua vorkomme ist wohl möglich aber doch nicht gewöhnlich.

Der überwundene und verschmähte Hahn zieht weiter, dort im nächsten Busch sitzt wieder eine Henne, die gern sich freien liesse; er stimmt sein Lied dort an, gelingts ihm da in den Hafen der Ehe einzulaufen, nun gut, wo nicht zieht der fahrende Minnesänger weiter, einmal wird er doch erhört und die

liebe Seele hat dann Ruh, er hat sein Weib zu
pflegen, dann die Kinder zu nähren, zu schützen, zu
erziehen. Ihm vergehen die Gedanken auf fremden
Revier den lieblichen Gestalten nachzujagen. Wir
weisen auch den Gedanken nicht ab, dass tief im
Wesen der Weibchen eine Ahnung liege, dass grade
das oder jenes Männchen die beste Ergänzung ge-
währe; heisst es doch im Volkslied schon: Es war
einmal ein kleiner Mann, eine grosse Frau die wollt'
er han. Doch wohin drängt dies Streben der Ergänzung? Allbekannt ist es, der Mittelschlag repräsentirt die Kraft der ganzen Art, dahin strebt auch
die Naturzucht.

Die Natur, wie sie ist, sagt also nicht zur Maus
strebe Ratte, noch zur Katze strebe Leopard zu
werden. Die kluge Haushälterin sagt vielmehr, er-
fülle deinen Beruf, die Katzenart in voller Kraft zu
erhalten.

> Nicht zu gross und nicht zu klein,
> nicht zu dick und nicht zu fein,
> nicht zu grob und nicht zu zart,
> das ist die rechte Katzenart.

Anders ist es mit der Kunstzucht zu bestimmten
Zwecken.

Der Hahn im Hof des Bauern ist ein stolzer
Herr auf dem Misthaufen. Dieser Patron ist durch
die Cultur von Jahrtausenden so entartet, dass er

Kinder in die Welt setzt und sich nicht weiter um sie kümmert. Dagegen ist der Rebhahn ein solider Mann, er schützt und pflegt Weib und Kind, selbst erwachsen bildet die Familie noch ein Völkchen. Der Hirsch treibts arg, der Rehbock ist solid, brächt ers im Kampf ums Dasein zum Hirsch, würde bei diesem Avancement seine Moralität sehr leiden.

Das Raubthier muss das Lager und den Bau für die Familie durch Kampf schützen und stets für frischen Raub sorgen. Der Züchter in Europa giebt einem bestimmten Bock einen vollen Harem und entmannt die anderen Böcke, der Heerdenbesitzer in Südamerika, dem es auf eine starke Heerde, aber nicht auf feine Wolle ankommt, lässt der Natur den freien Lauf und seine Heerde bleibt in voller Zahl und voller Kraft. Bisher bleibt noch die Monogamie zumeist im Recht und ebenso steht noch der alte Aristotelische Ausspruch fest: aus der Paarung von Gleichartigen, entsteht Gleichartiges, dem einen der Aeltern Entsprechendes.

Noch ist die Entwicklung einer Reihenfolge auch nicht von Ferne gesichert. Das formenreiche organische Leben durch den Kampf ums Dasein in aufsteigenden Zusammenhang zu bringen, würde die Annahme von einem aller Denkkraft spottenden, dazu nöthigen Zeitraum beanspruchen. Ehrenberg's mikrologische Studien I. 377.

Ein Versuch diese Zweifel zu beschwichtigen ist gemacht. Da steht die schöne Giraffe, den schlanken Hals in die Luft erhebend, sie ist eine Art von Antilope, wie kommt sie zu dem langen Hals? [1]) Die Antwort von Lamarck und Darwin lautet: Einst herrschte Hunger in der Heimath der Antilopen, das Gras und niedere Gesträuch war versengt, woher sollte die arme Creatur leben, sie starben zu Hauf. Unten war nichts mehr zu finden, nur oben die Bäume waren noch grün, die leiden weniger von der Dürre. Nur einige Exemplare welche zufällig einen längeren Hals hatten als die andern, konnten ihr Leben fristen, denn sie frassen an den herabhängenden Aesten. Wie gut wenn man den Kopf hochtragen kann! Und wie klug waren nun die Weibchen — ja, ja, die Weiber! — sie erkannten den Vortheil für das zukünftige Geschlecht, sie nahmen nur die langhalsigen zum Galan und immer langhalsiger ward das Geschlecht. Dabei blieben die Hinterfüsse klein im früheren Verhältniss, nur vorn erhob sich die schlanke Figur, denn vorn ist ja das Maul, vom hohen Baum zu naschen, und so entstand das Wunderthier, die Giraffe, die Heldin der schrägen Rückenlinie; das Sinnbild der gefährlichen schiefen Ebene im Thierreich. Schon gut von Antilope bis zur Giraffe wären wir mit dieser Ge-

---

1) Vgl. Werden und Entstehen von Carus Sterne p. 442. Lamarck's und Darwin's Erklärungen vom Entstehen der Giraffe.

schichte gekommen. Zwar revoltirt hier der einfache
Menschenverstand. Sollte die Natur, welche Pflanzen
und Thiere schuf, nicht gewusst haben, dass Grossthiere von Bäumen leben könnten, um solche Thiere
von vornherein zu schaffen, musste sie erst durch
ein Malheur darauf aufmerksam gemacht werden.
Doch fragen wir: wie kommt man von der Giraffe
zum Kameel? Beide Grossthiere stehen einander nah.
Gewiss nicht blosse Neugier ist es, die uns zu dieser
Frage treibt, denn erstlich gilt das Kameel so recht
eigentlich als Beweis für die Weisheit der Natur.
Wüste und Steppe einerseits und das Kameel andrer-
seits, scheinen so recht für einander geschaffen,
sie sind im entente cordiale, und das eine ohne das
andere nicht recht denkbar. Der Endzweck in der
Natur scheint hier so klar. Jetzt wird die vorsorgende
Weisheit der Natur in die Rumpelkammer des Geistes
gestellt, drum gönne man uns noch einen Blick auf
dieselbe — zweitens aber zeihe man uns nicht einer
unpoetischen Neigung, dass wir mit dem Kameel uns
gern befassen.

Die Dattelpalme und das Kameel, so lautete einst
der Ausspruch des grossen Geographen Ritter, sind
die ältesten Träger der Cultur, sie geben dem rin-
genden Menschen den ersten Halt, die erste Nahrung,
die Stütze und das Mittel zum Verkehr. Man mag
es darum glauben oder nicht, die erste Cultur von

wem ging sie aus? vom Kameel. Dem Kameel die Palme! so möchte auch der Arabist ausrufen. Denn die alten Heldengesänge der arabischen Dichtung, jene Perlenreihen von Gedanken, jene Dichtungen um welche selbst die Mythe den goldenen Kranz flocht, sie seien als die im Wettstreit der Dichter für die Schönsten erachteten, in Gold geschrieben an das Nationaleigenthum, die Kaaba, gehängt worden, diese Aufgehängten (eigentlich „erhabenen"), die Muallakat wovon handeln sie? zumeist von der Liebe, dem Heldenthum und — und — dem Kameel.

Der Dichter betritt die Wüste, sieht die Trümmer von dem Lager wo einst die Geliebte weilte, er fragt die öde Stätte wo die wandernde Schöne hingezogen. Und was folgt auf diese Klänge der Sehnsucht? man verarge es dem Volk der Wüste nicht: es folgt das Lob des Kameels. —

„Doch jetzt vergiss die Lieb' auf rüstigem Kameel
das treu dem Ziel, den Reiter rüttelnd, ist gerannt. —
Dem schlanken Thier, dem durch die Hast am Mittagsmarsch
das Fleisch von seinen Rippen und den Schultern schwand —
das nach dem Marsch bei Nacht, am Morgen dennoch ist,
gleich der Gaselle, die den Jäger hat erkannt. —
Der mit den Hunden im Gebüsch sich duckend barg,
doch sie geschreckt den Hunden weit voraus entschwand." —

Drum „die Palme dem Kameel" so lautet die Devise der ältesten Culturgeschichte, so lautet es auch

im arabischen Studium, wenn man mühevoll sich durch
die Schilderungen des Wüstenritts hindurcharbeitet?
Mag immerhin ein Witzbold die alte arabische Dichtung eine Kameelpoesie nennen, diese Bilder aus der
Natur sind frisch, frei, kräftig und wahr. Sie sind
uns viel lieber als jene sich ewig wiederholenden
Tiraden und der Schurrmurr aus dem Raritätenkasten
entstellter Legende, wie sie Muhammed dem Volke
auftischte, um mit dem dogmatischen Eisenjoch, der
absoluten Vorherbestimmung, die Freiheit des Geistes
und den Schwung der Dichtung zu erdrücken. Also
woher das Kameel jener Träger uralter Cultur, jener
treue Genoss' des Wüstenvolks?

Versuchen wir die Lücke auszufüllen!

Eine Truppe Giraffen wird von Löwen gehetzt
und kommt in eiligster Flucht von der baumreichen
Gegend in die Oede, so nur niederes Gestrüpp und
spärliche Grasbüschel schafft.

Das ist glaublich, denn „Wüstenkönig ist der
Löwe" das haben wir alle, jung und alt, vielfach de-
clamirt.

Die Schaar der Langhälse war nun in der Wüste,
da kann man nicht immer den Kopf so hoch tragen,
es geht nicht immer à la hausse dort in der Oede
des Lebens; man muss es öfter à la baisse versuchen.
Also man bücke sich und nähre sich vom niederen
Gestrüpp. Gewiss dem hohen Geschlecht der Giraffen

kam das schwer an, sie waren gewohnt den Kopf
sehr hoch zu tragen, aber Noth kennt kein Gebot,
drum herab den zierlichen Kopf. Dadurch entstand
die Biegung des Halses. Man denke sich nun den
schrägen Rücken wie eine Wagestange um den
Hochpunkt des Widerristes herauf und herab sich
biegen. Dabei werden die Hinterfüsse jetzt natürlich
länger, das Gleichmaass im Rücken herzustellen. —
Aber woher der Buckel des Kameels, jene wunderbare
Fettansammlung, die allein das Thier befähigt dem
Hunger der Wüste zu trotzen. Nun ganz klar. Bei
dem ewigen Bücken waren die am Widerrist an-
gesammelten fleischigen Theile hinderlich, sie rückten
auf die Mitte und nun sah die Künstlerin Natur, welch'
ein Vortheil ihr durch diesen Rutsch geboten war.
Da können wir, so dachte sie, die nothwendige Speisekammer für den armen Wüstengaul anlegen. Immer
dicker ward der Buckel und so vortheilhaft war dies
Arrangement, dass sich das Wüstenthier nur einen,
das Steppenvieh aber bei reicherer Weide sich deren
zwei anfütterte. — Jeder nach seinen Mitteln.

Aber nun die Weibchen, die klugen Kameelinnen,
sie die früher als Giraffinnen, da man noch vom
Baume frass, nur die Männchen mit langem Hals und
schrägem Rücken liebten, sie ändern den Umständen
angemessen ihren Geschmack. Wie klug sie waren,
im Weibe liegt ja recht eigentlich die Philosophie

des Unbewussten. Die Frauen aber sind wirthschaftlich eine volle Speisekammer, das ist so ihr tendre.
Sie liebten deshalb fortan nur die Buckligen, am
Buckel versahen sie sich, der buckligste ward ihnen
der liebste, und immer buckliger ward das Geschlecht
der Kameele.

Das wäre nun ganz leicht zu erklären, aber
diese Träger in der Wüste hatten der Wunder noch
nicht genug; eine Speisekammer war zwar für sie
an ihnen geschaffen, doch wo nun den Keller fürs
Getränk anlegen? denn der Mangel an Nahrung ist
das kleinere, der Mangel an Getränk das grössere
Uebel. Woher nun der Wassersack im Leibe des
grossen Thiers? Nur wer die Wüste kennt weiss was
sie leiden, aber auch nur er hat eine Vorstellung von
dem was ein Kameel säuft. Der vorsorgenden Natur
darum alle Achtung, dass sie irgend eine Extrablase
zum Wasserfond umschuf.

Drei Tage waren wir in der Wüste el Araba ge-
ritten ohne Wasser zu finden, schleppend war der
Gang unserer Dromedare, die sonst im leichten Schritt
nur eine flache Spur der sandigen Decke des Stein-
grunds eindrückten. Bisweilen durchtönte einer ihrer
Schmerzensrufe die stille Oede. Der Pfad war besät
mit den bleichenden Gebeinen der einst hier erlie-
genden Dromedare. Denn das Kameel stirbt in treuer
Pflichterfüllung. Ermattend bricht es zusammen unter

der ihm aufgebürdeten Last; ist es einmal gefallen, steht es nimmer wieder auf. Der Beduine nimmt kalt und ruhig die Last ihm ab, sie den andern zuzutheilen und zieht weiter, während das arme, dem Untergang geweihte Thier, mit wehmuthsvollem Aug der Caravane nachschaut und ihr den Angstruf nachsendet. Denn schon sammeln sich die gierigen Hyänen mit wildem Geheul sich auf das Thier zu stürzen und ihm den Garaus zu machen.

Mit den feinsten Gold- und Silberfäden des Lichts schien die brennende Sonne Strahlnetze um die öden Gründe und Felsen zu weben, alles begann zu erschlaffen und müde senkten sich die Lider über dem schmerzenden Auge. War es nicht wie der arabische Dichter singt:

> „Es folgt das Dromedar dem eignen Schatten nach
> auf Pfaden gleich weit hingezognen Streifen Band;
> ein strahlend Sternbild führte leitend mich zu dir,
> und eine helle Bahn mit Leichen auf dem Sand.
> Von den Verschmachteten, ganz weiss war ihr Gebein,
> die Haut war hart gedörret von der Sonne Brand."

Da plötzlich ein andrer frischer Schrei von meinem Hadjin (Dromedar), das den Zug führte, lang reckte es den Hals, weit aufgerissen waren seine Nüstern. Das sonst so unbeholfene Thier fiel trotz der Last in einen leichten Trott, weithin streckte es die langen dürren Beine. Der Halfterstrick entglitt

meiner Hand, ich schwankte auf dem Schiff der
Wüste wie ein Schiffer ohne Steuer. Der gerüttelte
Reiter umspannte in Angst und Sorge krampfhaft
den Sattelpfock mit seinem Fuss. Sein Auge be-
merkte kaum einzelne spärliche Anfänge der Vege-
tation, da hält plötzlich das Dromedar inne in seinem
Lauf, es beugt den Hals tief herab und plauz, der
Reiter liegt im Sande. —

Der Grund von diesem Aufschwung im Köpf-
chen des sonst so gehorsamen Dromedars wird bald
dem Reiter klar. Die Vorderbeine weit gespreizt,
den Kopf tief nach unten gestreckt, saugt das dur-
stige Thier das köstliche Nass aus einem Wasserloch,
dessen Vorrath rasch schwindet, während sich die
Weichen des Thieres wie eine Kautschuktonne deh-
nen. Das Kameel muss platzen, denkt man — und
es säuft ruhig weiter. —

Wie sorgte doch die Natur bei diesem Wüstenthier gegen den ewigen Nothstand, dass es in
schreckender Oede dem Durst und Hunger trotzen
kann!

Was noch an ihm geschah, ist leicht erklärlich.
Es schuf sich Socken zähen Leders unter seinem Fuss,
wie ein weicher Schwamm schmiegt sich die Sohle
dem rauhen Boden an um so dem kolossalen Wüstengaul einen sicheren Gang, selbst auf den rauhsten
Gebirgspässen zu verleihen. Der Boden brennt dem

armen Thier ja unter den Füssen und wer eine so
schwere Laufbahn zu gehen hat, der muss auf Socken
gehn, den rechten Weg zu finden.

Wie klug sind nicht die Sockengänger!

Wir aber singen nach dieser Capuzinerpredigt
über das Kameel:

„Schon oft hab' ich bei meiner Seel' darüber nachgedacht,
wie's doch der Schöpfer dem Kameel im Leibe klug gemacht.
Es trägt sein Fass im Leib' daher, wenn's nur voll lauter Cham-
 pagner wär'." —

Wir hoffen, man wird dieser Kameelgeschichte
aus der Hexenküche der Natur Glauben schenken.
Gehören wir gleich zu den Philologen über welche
man das Bonmot gebildet, Philologen aber sind die,
von denen viele logen, verdienen doch bei den Kameel-
geschichten die Arabisten eher Glauben; Jedenfalls ist
diese Geschichte noch eher glaublich, als die von jenem
Aturen-Papagei, durch den allein die Sprache eines
untergegangenen Indianerstammes erhalten sein soll.
Ein Hoch diesem Papagei, dem alten Sprachmeister.
Eine Sage ist's bei Wilhelm von Humboldt, ein
dichterisches Sujet bei dem dichterisch angehauchten
Philologen Curtius und ein naturhistorisches Factum
worauf zu exemplificiren bei Darwin (Abstammung
des Menschen übers. v. Carus 1871. I. 208). Geht

das so fort, schreibt ein bekannter Americalog noch eine Atur-Papagei-Grammatik.

Wiederholen wir. In der Allnatur nur fortlaufende Entwicklung, kein Sprung. Durch die natürliche Zuchtwahl wird nach Darwin eine geschlossene Kette der verschiedensten, in einander übergehenden Formen des Lebestoffs, der Arten, gegeben. Ist das aber die Natur wie sie wirklich ist oder die Natur wie sie sein könnte, möchte. Von den niedrigsten Schleimkügelchen bis zum Menschen eine in einander übergehende Kette! Die Natur wie sie ist und annoch besteht, ist dagegen ein aus verschiedenen, sich einander gegenseitig bedingenden, und in ihrer Verschiedenheit bestehenden Arten wohlgefügtes Ganze. Die Natur, wie sie ist, bedarf der Gegensätze zu ihrem Bestehen, sie ist nicht ein Nacheinander der verschiedensten Formen, sie ist ein sich gegenseitig bedingendes Nebeneinander derselben. Deshalb haben die Arten Bestand, sie nehmen als ein Theil der Natur am Wesen der Natur Theil, sie sind wie jene durch das Werden seiend und im Sein werdend. — Ein Wandel findet in den Arten statt, doch ist ihr Wandel ein Kreislauf in bestimmten Grenzen. Ist es denn nicht allbekannt? Krieg herrscht im Bereiche der Natur, das Raubthier frisst das Weidethier, ihm ist der kühne Sprung, die vierzehige Tatze, der tödtliche Hauer und der scharfe Zahn gegeben; jenem dagegen

5*

die rasche Flucht, der Spalt- oder Rundhuf, der Malmzahn deshalb verliehen. Nein, das lag nicht in dem Urplan der Natur, die nützliche Zuchtwahl schuf in unendlicher Reihe aus dem Einem das Andere. Erst nach harten Verlusten kam die Natur so herab. Da ist in der Vorwelt ein Thier Archhippus, Urpferd, noch mit vier Zehen, das Palaeotherium mit dreien, der mittlere Zehen ist grösser, die Seitenzehen verringern sich, nun kommt der Spalthuf und dann der Einhuf. Gewiss, wenn auch durch die Urwelt manche Staffeln in die Leiter der Natur eingeführt werden, wo bleibt der Beweis, dass unser Pferd ein Nachkomme jenes vierzehigen Unthiers sei, das man Urpferd taufte.

Was fängt der arme Mensch, der sich von Esel, Zebra, Pferd den Begriff „Einhufer" abstrahirte, mit einem Nilpferd an; kann er das reiten?

Andre Thiergattungen, wie die Dickhäuter haben aus der Urwelt sich noch erhalten ohne ihre Art zu ändern, sollen sie allein dies Privilegium haben? Vielleicht, wer ein recht dickes Fell hat, kann so manches vertragen.

In der Natur kein Sprung! und doch welche Klüfte muss der Darwinismus überspringen, die gewöhnliche Sprungkraft des Geistes reicht dazu nicht aus, ein Flügelpferd, die Phantasie, die kühne Hypothese, muss die Schwingen leihen, bei diesem Nacheinander, anstatt des Nebeneinanders — das doch in der Natur, wie sie jetzt ist, wirklich besteht. —

Wir haben darauf hingewiesen, dass der Darwinismus mit einer Philosophie, die mehr construirte als wozu der factische Grund vorhanden war, mit jener hegelschen Richtung Aehnlichkeit habe, doch der Uebergang vom Weidevieh zum Raubthier und die Rückkehr vom Raubthier zum Weidevieh, der Auf- und Niedergang auf der Leiter der Natur, spukte auch in anderen Köpfen, nämlich bei den orthodoxen Theologen. — Bei der Schöpfung werden (1. B. Mos. 1,25) alle Landthiere als eine Gesammtheit erwähnt. Ist das nicht ein Stück Darwinismus? Erst seit dem Sündenfall des Menschen, so folgerte die Orthodoxie, ging die bis dahin auf Füssen laufende Schlange in Folge des Fluchs auf den Bauch; ebenso bekamen überhaupt die Thiere erst später Blutdurst. Ein so rohes Benehmen wie es die Raubthiere hier aufführen, passt für das Paradies, die Stätte des Friedens, nicht. Der Anfang war also friedlich, friedlich wird auch das Ende sein; denn der Prophet Jesaja schildert, dass im goldnen Zeitalter das Schaf einst neben dem Parder weiden werde — kein Blutvergiessen mehr alsdann — Mensch und Thiere werden Vegetarianer. Ich hatte im Colleg des frommen Prof. Hengstenberg einen bösen Nachbar, der erlaubte sich bei den langen Expectorationen des frommen und gelehrten

Herrn die Zeit dazu zu benutzen, sein Heft mit kleinen Illustrationen zu versehen. Er malte unter der Ueberschrift Friedensdentist eine Art Herkules, der einem Löwen die Beisser ausbrach und ihm Malmer einsetzte und unter der Ueberschrift Friedensschuster einen wilden Mann, der den Bestien die Tatzen abzog und ihnen die modernen Stiefel des Friedensreichs, den Spalt- und Rundhuf anzog. Denn Wolf und Lamm weiden zusammen, der Löwe frisst Stroh wie das Rind und die Schlange: Staub ist ihre Speise. Jes. 56. 25.

Doch was ist diese fromme Phantasie der Hebräer gegen die jetzige der Naturforscher. Eine Sippe lebte bisher auf dem Lande und marschirt ins Wasser, es ward ihr hier zu schwül; eine andre geht vom Wasser auf das Land, ihr ward es dort zu kühl. Offenbar bekamen sie einen neuen Lungenapparat.

Auch im vorigen und in früheren Jahrhunderten wollte man Darwinisiren. Alexander der Grosse ritt in der Schlacht ein Pferd, Bucephalus „Ochsenkopf" geheissen. Das war so stolz, dass es nur jenen, Europa und Asien durchziehenden Sieger, auf seinem Rücken duldete. Einen solchen Ochsenkopf wollen auch wir haben, riefen viele Herrscher — wer möchte nicht gern Alexander spielen! aber woher ein solches Thier nehmen. Ist keins da, muss man dergleichen fabriciren. Man meinte es stamme von einem Stier und einer Stute, man versuche das Experiment der Züchtung. In alten Büchern der Reitkunst ist es dargestellt wie man den Stier zur unnatürlichen Paarung mit einer Stute wollte peinigen, — was wars denn weiter, beim Pferd und Esel war ja der Bund gelungen, doch ein Ein- und ein Zweihufer, das war zuviel verlangt. Man entsagte schweren Herzens dem Ochsenkopf.

Darwin, der in England, dem Lande der Züchtungskunst, die grosse Dehnbarkeit der Arten erkannte, wagte von hier aus den Schluss der Dehnbarkeit der Entwicklung über die bisher anerkannten Grenzen hinaus. Die Fruchtbarkeit des Bastards, und der sonst nirgends bezeugte Uebergang von einer Art zur andern ward durch die in der jetzigen, defecten Schöpfung fehlenden Mittelglieder als möglich vermuthet, als wirklich gedacht.

Die Dehnbarkeit der Art ist freilich bei manchen Gattungen so gross, dass oft zwei Spielarten derselben Gattung weiter auseinander zu liegen scheinen als zwei Gattungen.

Da haben wir z. B. den Hund, vielleicht den ältesten und treusten Genossen der Menschheit, uralt ist sein Charakter, die Treue. Jener Hund der auf dem Misthaufen elend verreckend den als Bettler zurückkehrenden Odysseus erkennt und ihm die Hand noch leckend, froh verendet, ist er nicht noch heut ein echter Urahn des treuen Thiers? Mit der Züchtung der Hunde hat man sich denn auch mit Vorliebe befasst. Nach Hunderten zählen die Spielarten der Hunde. Die kleine Bijou, welche die Dame in ihrer Muffe trägt bis zu der gewaltig grossen und kühnen Dogge, dem treuen Wächter von Haus und Hof, — welch' ein Unterschied! — Man möchte wähnen alle Reiche der Vierfüssler spielen sich in diesen Spielarten wieder. Bald sieht das kleine Hündchen wie eine Ratte aus, bald wie ein kleiner Löwe, bald ist der Hund dem Affen, bald dem Fuchs ähnlich und endlich einem Wolfe fast ganz gleich. Die schmächtige Windhündin mit dem zarten Langkopf ist einer Hindin und der gedrungene Bullenbeisser mit seinem Rundkopf und vorstehenden Zähnen etwa dem Tiger ähnlich. —

Ginge die ganze Cultur mit ihren Erinnerungen zu Grunde und käme ein neu Geschlecht, die Anatomen der Zukunft würden schwer die Windhündin und den Bullenbeisser, das kleine Prince Charles Hündlein und den grossen Wächterhund für eine Gattung halten und doch, es paart sich die zarte spitzköpfige Windhündin mit dem starken rundköpfigen Bullenbeisser ohne Schwierigkeit — de gustibus non est disputandum, gar manche zarte Dame hat einen ganz compacten Eheherrn — denn wo das Starke mit dem Zarten, wo Dickes sich mit

Mildem paarten, da giebt es einen guten Klang — ein
kräftig lebefähiges Geschlecht. Noch mehr die kleine
Bijou, das niedliche Naturnips im feinen Damenzimmer
kommt in die Zeit, in der sie ihres Zusammenhanges
mit der Hundegattung sich bewusst wird, auch die
kleine Bijou, eigentlich ein vom Urtypus herabge-
krüppelt Wesen, kommt, da sie das Bild und Wesen
ihrer Art noch an sich hat in Brunst, und siehe da
der grosse Nimrod, der struppige Hund auf dem
schmutzigen Hof, wirbt um ihre Gunst, und Bijou
nimmt dies nicht einmal übel. Aus gar mancher
Bewerbung kann freilich nichts werden. Es singt
Horaz:

Mit dem Stachel magst du die Natur austreiben,
sie kommt doch wieder. —

Es lehrt die Natur: Was ihr euch auch müht,
eine neue Art könnt ihr nimmer schaffen und ebenso
könnt ihr keine bestehende durch eure Kunstzucht
verschwinden lassen.

Die fortgeschrittene Züchtung führte zu der
Aufhebung der Art in der Theorie, kann man nicht
aus der Züchtung grade einen Beweis für die Beständigkeit der Art hernehmen? Ein absolutes Meisterwerk in allem durchaus gleich und harmonisch mag die
Natur nicht sein, absolute Vollkommenheit vindiciren
wir Gott allein — aber sie steht doch bei weitem höher
als alle Meisterwerke sonst, sie trägt wenigstens das

Sinnbild der Vollkommenheit, den Hinweis auf dieselbe, an sich. Je vollkommener nun ein Werk
desto mehr sind seine Theile selbst für sich bestehende,
dem Wesen des Ganzen entsprechende, Ganze.

Man beliebt so sehr die Natur mit einer Maschine zu vergleichen, in der das Gesetz von der natürlichen Zuchtwahl die Schwere und Spannkraft, also
das das Ganze zusammenhaltende, sei.

Denken auch wir an den Triumpf des menschlichen Geistes von heute, an die Maschine. Von der
Dampfkraft getrieben dreht sich ein kleines Rad,
dies greift mit seinem Kamm in ein anderes und
dieses treibt wiederum ein drittes, welches eine sich
drehende Welle oder einen stossenden Stempel zur
unermüdlichen Kraftäusserung zwingt, auf dass die
Aussenräder mit unwiderstehlicher Macht in Windes-
eile einhertreiben und die Hauptschranke, welche den
Menschen in seinem Thun Fesseln anlegt, die Entfernung mindert und auf ein Minimum reducirt werde.
Was hindert uns bei diesem Bilde an die Natur zu denken, nur dass tausende und abertausende von Rädern
(Arten), im ewigen Kreislauf (Werden) bestehen,
zwar einander reiben, in einander eingreifen, die einander nahen auch einander ähnlich sind, nimmer
aber in einander übergehen, denn jedes umkreisende
Rad dreht sich um seinen Mittelpunkt, es ist ein
für sich abgeschlossenes Ganze, wenn es auch mit

den anderen Kreisen in Beziehung steht um das grosse Ganze „den Haushalt der Natur" zu erhalten.

Eine jede Art repräsentirt somit eine Richtung der schaffenden Gewalt und steht als solche mit der anderen auf der einen Seite in Wechselwirkung, ist aber auf der anderen Seite entschieden von ihr getrennt.

Der grosse Nimrod naht sich der kleinen Bijou. Was lehrt uns dabei die Natur? Seit dreitausend Jahren bildet ihr hinauf und hinab eine Staffel von Spielarten — das sei euch gestattet. — Aber nimmer könnt' ihr mit eurer Zucht den Hundetypus, jene Mischung, die ich schuf, verwischen. Denn tief und sicher zeichne ich den Grundzug meiner Wesenreihen. —

Einst kam es bei einem jungen Ehepaar zu einer ernsten Differenz. Die erste Differenz in einer jungen Ehe ist bedeutungsvoll, aus ihr entspinnt sich so leicht ein dünner Faden, der zum Strick allmälig wird, dass er den schweren Pantoffel tragen kann. Was war die Ursache? beide Gatten waren Hundelieb — und doch Zwiespalt! auch das ist möglich. Die Frau liebte ganz kleine Schosshündchen und der Mann möglichst grosse gewaltige Beisser.

Dein böser Nimrod schreckt mit seinem Gekläff alle Leute von Haus und Hof, und deine kleine Pinette mit ihrem dünnen Stimmchen ist ein ganz widerliches Thier. Der Streit wogte hin und her, das Eheglück stand auf dem Spiel. Doch eine Frau behält fast immer recht und Nimrod ward aus der Stube gewiesen. Der arme Nimrod hatte Ambition er konnte die Ausweisung nicht ertragen und starb. Da raffte sich der Eheherr denn auf, der Liebling durch harte Behandlung gemordet! fast kam es zum Ehekrieg, doch ward ein Waffenstillstand mit den Präliminarien auf Hausfrieden geschlossen.

Man paarte das kleine Hündchen mit einem etwas grösseren Hunde und nahm eine Sprossin dieses Paars als Gegenstand des gemeinsamen Wohlwollens. Als diese heranwuchs, wählte man für sie einen etwas grösseren Mann und so fort, und siehe da als das Ehepaar die silberne Hochzeit feierte, konnte man ein ganz respektables Thier als Ehehund präsentiren. Die Leute hatten keine Kinder, sie überliessen dies schmerzvolle, bisweilen gefährliche Geschäft der Hündin.

Was hatte aber auch der Repräsentant des häuslichen Friedens für Formen gehabt: Spitznase, Flachnase, Doppelnase, Rundnase; und Gott weiss was für Nasen er gekriegt, bald sah er wie eine Spitzmaus aus, bald wie ein Fuchs, bald wie ein Affe, bald war er dem Wolfe ähnlich. Ein ganzes Stück Naturgeschichte, denn die Art nimmt die Weise der Allnatur an, war hier im Hause durchgemacht, aber freilich nur am Hundetypus, draussen in der Natur blieben die Füchse Füchse, die Affen Affen u. s. f. Es trägt der Theil an sich die Spur des Alls.

Hätten wir als Philologen eine Stimme in der Zoologie wir würden sagen: Gattung ist das, was leicht sich gattet, was frisch und froh und leicht sich bindet, ein neues Kraftgeschlecht gebiert, gezeugt im leichten Spiele der Natur. Sippe mag man nennen, was mühsam noch der Züchter zusammenquält so wie ein Heirathscommissar für seine Eheprocente.

Jahrtausende hat man Maulesel und Pferd schon gezüchtet doch unfruchtbar blieb das Geschlecht. Bastardwirthschaft treibt der Mensch in seinem Eigennutz, die Natur thut's nimmer. In ihrem Contobuch haben das Maulthier und was sonst noch ·etwa zusammengequält wird, kein Folio. Eine jede Art ist für sie ein Apparat, einen bestimmten Lebestoff zu bereiten. —

Die Embryologie.

Die Entstehungsweise der Lebewesen soll den Beweis liefern, dass alle Creaturen aus einer Urform stammen. Im Embryo, im Vorher-Sein mache nämlich jedes Wesen alle die Stationen durch, welche in der unendlichen Reihe von Jahrmillionen die Natur der Lebewesen durchlaufen habe. Die Embryo des

Hundes, der Schildkröte, des Affen, des Menschen sind im Anfange nicht zu unterscheiden; Wesen kalten und warmen Bluts, Wesen des Wassers und der Erde, sind in ihrem Anfang ein und dasselbe. Sie werden aber Verschiedenes: Fisch, Amphibie, Vogel, Säuger. Ist es nicht erlaubt zu schliessen, weil sie etwas anderes werden, sind sie etwas andres auch schon im Anfang ihres Seins? Giebt es nicht mehr Dinge zwischen Himmel und Erde als die Schulweisheit sich träumt.

Gewiss mancher sieht zu viel, er glaubt es wenigstens zu sehen, im Allgemeinen aber sieht der Mensch trotz aller Mikroskope immer noch viel zu wenig. Können wir doch den Urbestandtheil des Lebestoffs, die Zelle immer noch nicht entziffern, sollten wir dann nicht beim Embryo, einem Complex von Zellen, als bei der schwierigsten Hieroglyphe der Natur ein Fragezeichen machen.

Ein Beispiel, welches uns die Entwicklung durch die Reiche der Natur klar vor die Augen führt, sei der Frosch. Der frische Säuger kühler Gründe führt, ehe er Amphibie ward, als Fisch ein stummes Leben.

Ein ganz famoser Herr im Reiche der Natur ist der Frosch. Früher stumm und nur in kühlen Fluten schwimmend mit seinem Schwanz als Ruder, beginnen ihm aus kleinem Ansatz Sprungfüsse zu wachsen. Sein Schwanz geht als unbrauchbar verloren und er entspringt dem Wasser, auch der Erde sich zu freuen.

Als Herrscher zweier Reiche, als Herr zu Wasser und zu Lande, beginnt der bisher Stumme in der Wonne seines Daseins zu singen. Sein Quaken klingt ihm wunderschön, welche Triller schlägt er an und wie stolz sitz er da halb im Wasser und halb am Rohr. Bald schwimmt er, bald springt er, und zeigt im Sonnenschein die Schöne seiner feuchten Haut ob er nicht eine Froschin bethöre, dass er ihr seine Lieb' anquake und das Ehejoch ihr aufbürde. Aber bei allem Respect vor diesem Concertmeister vom Sumpf, der vielleicht der intensivste Minnesänger im Reiche der Natur ist, ein Fisch war er doch nie; er hegte stets, wenn auch unkenntlich den Ansatz zu Springfüssen. Fischähnlich war der Herr vom Sumpf vor seiner Metamorphose, fischartig niemals. Gewiss als Kaulquappe war der spätere Sänger stumm, doch trug er die Kraft in sich ein Sänger zu werden, er schlug nur eine stumme Laute bis das Stimmregister sich entwickelt hatte.

Dürfte man den Frosch griechisch tractiren und dazu könnte man daraus ein Recht herleiten, dass ein Pseudonym, der Frosch- und Mäusekampf, der herrlichsten aller griechischen Dichtungen, den Gesängen des Homer, angehängt ist; man würde sagen er hatte bis dahin die Dynamis, die ruhende Kraft, zum Singen bis dieselbe zur Energie, zur wirklichen Kraft, geworden.

Schon seine Dynamis war eine andere als die der Fische, die nie und nimmer musikalisches Talent verrathen. Es wirkt die Dynamis ganz in der Stille, doch zeigt die Energie sich in dem Sturm der Welt.

Der Atavismus

oder der Rückfall einer höheren Stufe zu einer niederen soll bisweilen vorkommen. Ein Pferd werfe bisweilen ein gestreiftes Junge, d. h. ein Zebra in der Natur des Ur-Ur-Urgrossvaters, dem die Gattung „Pferd" entsprungen.

Eine Culturtaube brüte bisweilen als ihr Junges eine Holztaube aus und selbst der arme Cretin wird von Vulgärdarwinisten als ein Rückfall in die Sippe „Affe" dem Ur-Urahn des Menschen betrachtet, denn ein Rückfall ist's vom Grosskopf „Mensch" zum Kleinkopf „Affe".

Was das Letztere betrifft, so wäre damit eine Lücke ausgefüllt. Bekanntlich haben wir den Ur-affen, von dem Mensch und Affe als Brüder ausgingen, nicht, — nur ewige Vetterschaft besteht ja zwischen Mensch und Affe — dann wäre, wenn die Natur genau mit ihrem Rückfall arbeitete, dieser Urahn, als ein Cretin, gewonnen. — Dann möchte man sich aber auch den Schluss erlauben, dass jenes Urwesen einst blind gewesen, weil es manche Blindgeborne bei uns giebt. Der arme Cretin kann nicht klar denken, weil sein Gehirn zu klein ist, der Blinde kann nicht sehen, weil sein Auge nicht vollkommen ausgebildet ward, der eine hat ein defectes Denk-, der andre ein defectes Sehorgan.

Mehre im Denken, der Turnübung des Geistes, die Gehirnmasse, so wirst du immer mehr Mensch und immer weniger Affe. Diese Progression vom Species Affen zum Menschen aber macht uns Pein, wir sehen, die alten Griechen hatten der Gehirnmasse schon genug.

Wirft ferner ein Pferd einmal ein gestreiftes Junge, ist das Füllen darum noch kein Zebra, ist eine junge Taube wie eine Holztaube gefärbt, braucht sie deshalb noch keine Holztaube zu sein, sie kann sich immer noch mit Anstand in der Culturwelt bewegen, haben doch auch wir Menschen, der Schöpfung Krone, oft verschiedenen Teint.

Was ist die Farbe? ist sie etwa eine wesentliche Eigenschaft der Natur — warum giebt es denn so viele, die die Farbe wechseln.

Fester als das Individuum ist ein Volk organisirt und doch: Unsere Volksvertretung war in der Majorität 1848 roth, 49 schwarzweiss, es folgen soviel Changeant. Jetzt sind wir im Immergrün nationalliberaler Hoffnung, doch die andern im Schwarz tausendjähriger Finsterniss. —

Wer hält denn Farbe? ein ewiger Wechsel liegt im Spiel des Lichts. Ist gleich gefärbt ganz gleich? ist zebrafarbig zebraartig?

Ferner, wenn man stets die Natur sich wie eine Leiter nur in die Höhe aufgerichtet und nicht zugleich, wozu der Haushalt der Natur doch zwingt, auch in die Breite ringsum ausgedehnt sich denkt — warum entspricht dem Rückfall nicht auch ein Vorfall — warum sollte von einer edlen Aeffin nicht einmal ein Mensch geboren werden? — Bisher noch nicht dagewesen. —

· Das gestreifte Junge des Pferdes erinnert an eine uralte Geschichte, an eine Stelle der Bibel, an jenes Buch, das als Offenbarung angesehen der Naturforschung Jahrtausende hindurch Banden anlegte, doch als Geschichtsbuch betrachtet, der Culturgeschichte die erhabensten Bahnen weist.

Die Kunst der Züchtung, welche jetzt in England so im Schwunge ist, dass geübte Züchter Junge mit dieser oder jener Eigenschaft auf Bestellung liefern, war auch im heiligen Land nicht unbekannt. Der Urahn und Begründer des heiligen Volkes Jakob will seinen Schwiegervater Laban begründern, d. h. er will sich auf dessen Kosten einen Besitz — damals war Vieh gleich Geld, vergleiche pecus und pecunia — schaffen und macht mit ihm einen Contract. —

Es gilt gesprenkelte, gefleckte oder braune Lämmer und gesprenkelte oder gefleckte Zicklein zu züchten (1. Mos. 30. 37). Der schlaue Urgründer kannte die Kunst zu züchten und stellt geschälte, d. i. streifige Stäbe vor die bei der Tränke empfangenden Mütter, und siehe da sein Zweck ist erreicht, die bunte Herde des Schwiegersohnes wird gross, die des begründeten Schiegervaters aber klein. Jakob hatte das Geld und Laban die Actien.

Der berühmte Exeget Gesenius pflegte bei dieser Stelle eine Geschichte zu erzählen, denn als er lehrte war es noch eine goldene Zeit für die Theologen. Noch drückte das Eisenjoch des Dogmas nicht jeden Geistesaufschwung nieder und der Theolog, seines Daseins froh, machte bisweilen einen Witz und erzählte launige Geschichten!

Meine Herren, begann der greise Meister bei dieser Stelle: das ist das Geheimniss des Versehens eines dunklen psychologischen Processes, der noch nicht aufgeklärt ist. Einst gebar eine ehrwürdige Patricierin des alten Roms, eine matrona Romana. Das ganze Haus war voller Freude, ein junger Römer war ja eo ipso Weltbeherrscher; man wollte den kleinen Weltbeherrscher schauen, aber sehe da, der jüngste Herr im orbis terrarum war nicht weiss sondern wie wir sagen au hocolat. Welches Entsetzen dort in Rom — denn damals wechselte man nicht so leicht die Farbe. — Ein schwarzer Verdacht hängt an der Geburt des Weltbürgers mit dem zu dunklen Teint, denn in der Nähe jenes Hauses lebte ein Mohr. —

Man bezüchtigt die ehrwürdige Matrona, doch wie? eine Patricierin und ein Mohr, ein Sclave? lächerlich. — Die Zeit der Othellos war noch nicht gekommen. — Man klagt sie der Untreue an und schleppt sie vor die Schranken. Nun waren aber, fuhr der geniale Interpret fort, die römischen Advocaten, wie dies allgemein bekannt, die ersten der Welt. Was kann da weiter sein, sprach der soi disant Cicero, ihr Vertheidiger. Das Unmögliche ist doch nicht anzunehmen, Patricierin und Mohr — dagegen das zwar mögliche, wenn auch seltene. Die arme Schwangere sah zufällig den Schwarzen, sie erschrak und bekam ein schwärzlich Kind; drum pater est quem nuptiae demonstrant; und das Weib war frei mit ihrem kleinen Mohren.

Meine Herren! es war ein Versehen, daran ist kein Zweifel, nur gilt die Frage: war dasselbe physich oder war es psychisch.

Wer kennt aber die psychischen Zustände der Frauen? Drum sagen wir dem Darwinisten, er mag es glauben oder nicht — auch eine Taube kann sich

einmal versehen. Eine von Millionen! Wie schwach
und selten sind die vorgeführten Fälle, und sind dieselben nicht leicht in anderer Weise zu erklären.
Dasselbe gilt von den

Rudimenten.

Jede höhere Stufe der Lebewesen, habe in seinem Leibe Rudimente, das heisst verkümmerte Or-
gane, die zwar im früheren Status quo vernünftig, im
späteren unvernünftig wären und da sie nicht gebraucht würden, verkümmerten. Diese Rudimente
wiesen auf den früheren Zustand zurück, und seien
ein Beweis für die Entwicklung der niederen Art
zur höheren durch den Kampf ums Dasein. Der
Wurmansatz am Dickdarm, der dem Menschen unnütz und gefährlich, — hier entsteht die oft tödtliche
Unterleibsentzündung — weist auf die Natur der
Wiederkäuer hin; der Mensch wäre also, so könnte
man schliessen, durch den Besitz dieses Ansatzes zum
Wiederkäuen eigentlich berechtigt. Welches Glück
für viele Menschen! Wir fragen, ist etwa deshalb,
weil man den Nutzen dieses Körpertheils noch nicht
erkannt, es absolut sicher, dass er wirklich unnütz;
ist etwa die Physiologie eine schon absolut fertige
Wissenschaft oder werden nicht noch jährlich grossartige Entdeckungen gemacht, die dieses oder jenes

Dunkel aufhellen. Ist nicht jene grossartige Entdeckung von den zwei Hauptnerven, dem des Hirns und dem des Herzens, neueren Datums?

Es giebt Menschen, welche noch die Ohren spitzen können, wie die Esel — auch ein Vorzug — und vor allem haben wir Menschen noch einen Schwanzansatz. Die Urvettern haben etwas mehr von diesem edlen Schmuck, die anderen Affen schon den langen Wedel, der sie befähigt mit ihren Leibern eine Hängebrücke über den Fluss zu schlagen.

Der arme Mensch, wie ist er doch zu kurz gekommen! er muss mit seinem Genie die Hängebrücke fügen, mit dem Schweif kann er sie nimmer schlagen.

Bei weiterer Entwicklung, wenn der Mensch zum Engel aufsteigt und ablegt was unvollkommen, wird er gewiss auch diesen Restknorpel verlieren. — Ist denn so fragen wir, wirklich unser Körper vollendet und vollkommen? ja dann wären wir, nicht was wir sind, unvollkommene, sondern vollkommene Wesen, dann wären wir keiner Krankheit unterworfen, ewig dauernd, wie die Engel wären wir, allerkennend, mächtig, ewig lebend.

Es ist der uralte Fehler, die Natur als absolut allweise, allvollkommen zu erachten, dass sie stets und immer den Pasch werfen müsse, nein, sie hegt in sich wohl die Ahnung der Vollkommenheit, doch

absolut vollkommen ist sie nicht, da sie in sich die
ewige Veränderung birgt. Der grosse Physiker,
Helmholtz, sagt: brächte mir ein Mechaniker ein
Instrument wie unser Auge, ich wiese es als schlecht
zurück, und doch sah er mit seinem Auge mehr als
Hunderttausende, denn der Physiker verbindet mit
seiner Wahrnehmung die Combination des Geistes,
dieselbe dadurch als sicher zu begründen und von
dieser Grundlage aus die Gesetze des Alls zu erfassen. —

Ist denn die Natur in ihrer Arbeit absolut vollkommen? Da ist ein Aelpler, als Gemsjäger klimmt
er die steilsten Riffe hinan, sein Auge, seine Hand,
sein Fuss sind sicher; er wagt den kühnen Sprung über
die Kluft, er trotzt mit muthiger Stirn den Gefahren,
seiner Gewandtheit, Kraft und Ueberlegung ver-
trauend. Da ist die Aelplerin allein in der Alm,
sie weiss dem ganzen Anwesen auf der Höhe vorzu-
stehn; die schwerste Arbeit ist ihr leicht, sie kann
überall ihrer Körperkraft, ihrer Ausdauer vertrauen;
beide verheirathen sich, sind kerngesund und erzeugen
einen Cretin. — Denn die Geschichte der Entwicklung hat gar viele dunkle Stellen.

In der vergleichenden Anatomie erkennt man,
dass trotz der vielfachen Formen, welche die Natur
aufweist, doch die meisten derselben bis tief hinab
nach einem Grundtypus gebaut sind, Variationen

eines Grundthemas bedingen zuerst die Erhaltung der Grundzüge, dann aber die Veränderungen der Einzelheiten und in diesen Einzelheiten liegt die Schwäche der Individuen. Eine Form für Schwimmer, Flieger, Kriecher, Läufer, Springer, für Fleisch- und Grasfresser, da kann nicht jeder prätendiren, besonders berücksichtigt zu werden.

Die Verbindung des Begriffs „Natur" mit dem Begriff „Vollkommenheit" brachte stets grosse Wirrniss in den Köpfen hervor. Ist die Natur als eine vollkommene, sich selbst Zweck; ist der in der Natur liegende Zweck das Sinnbild aller Vollkommenheit = Gott — dann sind wir in dem finsteren Labyrinth, wo kein Ausweg mehr. Was wir von der Natur erkennen ist ein Werden, was wir erfassen sollen aber ein harmonisch vollkommenes Sein. Diese Kluft überspannt nimmer der Kampf ums Dasein, weil er uns immer wieder stets im Werden begriffene Individuen derselben Art schafft.

So ist's nach der Erfahrung von 4000 Jahren, in denen sich bisher nichts in der Natur gerückt hat.

Man kann freilich antworten: was sind 4000 Jahr für die Weltentwicklung; weiss man denn nicht, dass man es hier mit Unendlichkeiten zu thun hat.

Wir wissen, dass das Licht in der Secunde 42000 Meilen durchläuft, wir wissen auch, dass das Licht mancher Sterne eine lange Reihe von Jahren

gebraucht zu uns zu gelangen. Will man Raum
und Zeit bei solcher Frage denn noch anwenden?

Dennoch aber kommen wir aus Raum und Zeit
nicht heraus, so lange wir Menschen bleiben. Wir
können aus unserer Wahrnehmung einen kleinen
Theil, eine Spanne Zeit und einen gewissen Raum
wirklich erfassen; wir können, wie das bei der
Astronomie geschieht, einen gewaltig grossen Raum
und Zeit berechnen, wenn auch nicht erfassen. Denn
wir haben die Secunde, vielleicht nur ein Zehntel
der Secunde und das genügt der Rechnung — was
ich aber weder durch Wahrnehmung noch Rechnung
finden kann, wie die Ewigkeit der Darwin'schen
Theorie, in der 4000 Jahr noch nicht ein Nu, noch
nicht das Zehntel eines Nu sind, das, wofür ich in
dem Vorhandenen absolut keinen Anhalt habe, das
gehört ins Reich der Hypothese, denn keine Gleichung
kann die Ewigkeit als einen ihrer Factoren ein-
setzen. —

Nun kommt noch der einfache natürliche Menschenverstand: aus einem vorhandenen Stoff, wie
Lehm, Gebilde formen ist leicht; aus geformten Ge-
bilden andere umbilden, gar schwer, doch wählte
diesen Weg die sonst so kluge Natur. —

Oder schuf etwa die Natur erst die volle in einander übergehende Reihe der Creatur, die Vollnatur,
eine unendliche Reihe in einer zur höheren Potenz

erhobenen Ewigkeit, d. i. der Kampf ums Dasein positiv und dann nach grossen Defecten in einer zweiten Ewigkeit, diese defecte, gegen einander sich abschliessende Art-Natur, das ist der Kampf ums Dasein negativ; Quelle sottise Madame la Nature! — und Sie wussten doch sonst alles so gut einzurichten.

Die Schöpfung.

Wer wagt es, Rittersmann oder Knapp' zu
tauchen in diesen Schlund hinab? so singt der Dichter,
so mag man jedem zurufen, der dem Urproblem der
Menschheit sich mit Ungestüm zu nahen wagt. Auch
wir fürchten den Sturz in die Tiefe und doch da
ein jeder denkende Mensch sich irgend eine Antwort auf die Frage: woher der All? woher die
Dinge? geben muss, so muss er wenigstens hinan-
treten an den ewigen Strudel des Werdens. Nun
hat im Gebiete des Denkens, kein Mann ein grössere
Rolle gespielt, als Aristoteles. Mit seinen zehn Ka-
tegorien umfasste er das Wesen aller Dinge. Bisher
fand der forschende Geist noch keine dazu. Durch
seine Schlussformen wies er im Gebiet der Logik
dem wilden Strom der Gedanken eine ewig geregelte
Bahn; wirklich neues ist seit ihm in den Denkformen
nicht gefunden. Aristoteles war auch Naturforscher;
legt man an ihn die Norm des exacten Naturforschers

von Heute an, sind die Anfänge gering, denn die
Waffen sind verschieden. Was ist der Sturmwidder
von damals, gegen den Kruppmörser von heute, was
sind die schwachen Augen gegen den mit dem
Mikroskop bewaffneten Blick? — legt man an ihn
den Massstab des Naturphilosophen an, dann wird das
Bild ein anderes, dann ist er auch hier riesengross.
Wir halten uns an seine vier Gründe: Stoff, Bewegung, Form, Endziel, und versuchen das Wenige
was wir von der Natur wissen, auf diese Kette zu
reihen. —

Der Stoff.

a) Atom.

Zwischen der Naturanschauung des Alterthums
und des Mittelalters auf der einen und der der
neuen Zeit auf der andern Seite, herrscht ein grosser
Unterschied. Man kann diesen Unterschied mit einem
Wort kennzeichnen, das in sich das Geheimniss des
Alls zu bergen scheint. Es ist das Wort „Atom"
das Unzerschneidbare, Untrennbare, das kleinste für-
der nicht mehr theilbare Theilchen. —

Dies ist nun nicht so zu verstehen, als ob die
griechische Wissenschaft dieses Wort und diesen
Begriff nicht gekannt; im Gegentheil das Wort
„Atom" unzerschneidbar, ist den Griechen entlehnt,

und gab es bei den Griechen sogar eine Schule der Atomistiker, da Leukipp und Demokrit die untheilbaren Urkörperchen als Füllung des Alls annahmen. Jedoch unterscheiden jene Griechen diese Atome nicht nach ihren inneren Eigenschaften, sondern nur geometrisch durch Gestalt und Lage. Nach ihnen müsste man sich ein jedes Gebild der Welt etwa wie eine Mosaikarbeit der Natur denken. — Der Begriff Atom ferner als Grenze aller Wahrnehmung und Vorstellung, ist sowohl in der griechischen als mittelalterlichen arabischen Philosophie bekannt. — Auch die Araber kennen als Schüler der Griechen den Begriff ein Theil ohne weitere Theilung als die Grenze der sinnlichen Wahrnehmung. Der grosse Maimon in Spanien philosophirt viel über Ding und Atom. Der Begriff aber von Atom als Urbestandtheil des Alls, das als solches der verschiedensten Beziehungen, Verbindungen und Wandlungen fähig ist; jener Begriff von dem Atom als Stoff alles Werdens, ist ein Fortschritt der neueren Zeit. Er ist die Grundlage der neusten Naturforschung geworden. —

In gewisser Beziehung hat Leibnitz 1646—1716, der Begründer der Berliner Akademie, ein grosses Verdienst um die Gewinnung dieses Begriffs. Er setzte die Monade (Einheit), d. i. das der Vorstellung fähige Atom als Grund aller weiteren Forschung.

Die Atome sind nach ihm nur quantitativ, in Grösse Gestalt und Lage, die Monaden aber qualitativ durch die Vorstellung von verschiedener Klarheit verschieden.

Die Monade ist somit die einfache unausgedehnte Substanz. Gott ist die Urmonade — die primitive Substanz — alle anderen Monaden aber sind seine Ausstrahlungen. Das gilt zunächst von den Monaden, die denkende Wesen, d. i. Menschen, sind, dann folgen die Thierseelen, denn jede Seele ist eine Monade. Die Pflanzen und Steine sind ferner gleichsam schlafende Monaden.

Da Leibnitz die Einwirkung der Monaden aufeinander leugnete, kann er nur durch eine prästabilirte Harmonie sich die harmonische Gesammtwelt erklären. Die Monaden gleichen bei ihm den gleichgestellten Uhren, welche einen gleichen Gang haben.

Leibnitz hat es freilich mehr mit der idealen Welt als seinem Hauptziel zu thun; in ihm wogt der neoplatonische Gedanke jener Urkraft der Urmonade, die auf die anderen Stufen der werdenden Welt sich ergiesst; jedoch verdanken wir immerhin ihm das Wachrufen solcher Vorstellungen, wie: die Harmonie aller Einheiten zu einander, wir möchten sagen: die Vorstellung vom Lebeatom gegenüber dem Todesatom der Alten.

Der Naturforscher werfe die praestabilirte Harmonie zunächst zür Seite; es war aber doch ein Anfang gemacht alle Urtheilchen der Welt sich in einer harmonischen Beziehung zu einander zu denken. —

Alle Dinge, so wird jetzt allgemein anerkannt, sind aus Atomen gefügt. Aber so dicht gefügt wir auch die Dinge denken mögen, wir müssen annehmen, dass jedes Atom ringsum einen freien Spielraum habe, wodurch es demselben möglich ist, mit den Nachbaratomen in eine andere Lage und andre Beziehung zu treten.

Das Eisen gehört als Element zu dem Adel der Chemie, und doch was muss es sich gefallen lassen, wie müssen die Atome doch pariren. Dort schiebt man einen grossen Klumpen Eisen in den Ofen, allmälig wird er durchglüht. Ist er ganz glühend, reisst man ihm aus den Feuer und eine Schaar russiger Riesen bearbeiten ihm mit schweren Hämmern, dass die Funken sprühen. Aus dem dicken Würfel wird eine grosse dünne Platte. Was ist geschehen? Die Atome des Eisens bekamen eine andere Lage nachdem die Glut ihm die Härte genommen. So klein man aber auch die Urtheilchen, die Atome, denken mag, das kleinste der kleinen ist nicht ein stumpfes, dumpfes, todtes Ding, nein es hat die Fähigkeit in eine andere Lage, in eine andre Beziehung mit seinem kleinen Nachbar zu treten.

Gar manche Familie speist heut zu Tage mit Silbergabeln. Sind wir plötzlich so reich geworden?

7

nein im Gegentheil wir klagen über unsre Armuth, auch ist es mit dem Glanz im Hause nicht so weit her. Gehen wir in eine Alfenide-Fabrik. Dort liegt in einem sogenannten Bad, also wie es scheint in einem Gefäss mit Wasser eine grosse Menge von Gegenständen, Gabel, Messer, Löffel und dergl. mehr von Nickel, nun wird der electrische Strom hineingeleitet und die in jenem Wasser enthaltene Masse von aufgelöstem Silber, d. h. die Silberatome fangen an zu marschiren. Die Gesetze der Natur leiden keine Insubordination, wohlgereiht und wohlgefügt setzen sich die Silberatome so ebenmässig an jene Geräthe, dass nur noch eine geringe Politur nöthig ist, dass das Silberservice erglänze. Genau sind jene Gegenstände um das Gewicht des Silbers schwerer.

Wir gehen im Winter aus, eine ganz leichte Schneeflocke fliegt auf unsern Mantel. Wir betrachten dieselbe, wie kunstreich geformt sind doch die kleinen weissen Sternchen, die zierlichen Gebinde, wie plump ist dagegen alles was Menschenhand gebildet! Unser Hauch, d. h. wenig Wärme fällt darauf und jenes kunstreiche Gebilde ist nichts als ein kleines kleines Tröpfchen an einem Haar unseres rauhen Mantels. Wir treten ins Zimmer und jenes Tröpfchen schwindet, es ist in Gasform verflüchtigt, erst war es starr, dann flüssig, dann gasförmig.

Nun gar ein Eiskörnchen! das kleinste Theilchen

eines von einem gewaltigen Mörser zermalmten
Stückchen Eis, was ist es doch unter dem Mikroskop
für ein gewaltig Ding, ein Eisblock, es kann die Rolle
des Pudel im Faust spielen — schon sieht er wie
ein Nilpferd aus. Das starre Eis wird flüssig, d. i.
Wasser, das Wasser wird Dampf und nimmt in
diesem gasförmigen Zustand einen 1669 Mal grösseren
Umfang an als im starren. Die Atome im kleinsten
Eiskörnchen sind also dieser ungeheuren Ausdehnung
fähig.

Diese kleinsten der Kleinen, die Atome, beherrschen in ihrem Wesen die Welt. Die welt-
erschütternde Macht, die Kanone, worin beruht ihre
Macht, was schleudert die gewaltige Kugel? Die
plötzlich rasche Entwicklung der starren Atome im
Pulver zur Gasform, das ist die Gewalt der Vernichtung.

Was wir bisher erwähnten, ist nur ein plumpes
Vorspiel, denn was sind diese Beispiele im Vergleich
mit jener Wissenschaft, welche die Atomistik wissenschaftlich gestaltet und nach Atomen die Bestandtheile des Alls abwägt, die Chemie.

Nach Atomen wiegen, das klingt lächerlich,
man muss beim Wägen doch etwas in die Wagschale als Gewicht legen, aber Atome sind von dem
Auge eines Sterblichen noch nie erfasst und doch geht
alles in der Chemie nach Atomgewicht. —

Abwägen gegen ein Gewicht das kann ein jeder, aber Abwägen durch feine Combination und Erkenntniss, das überlasse man der Wissenschaft. — Welche Wunder geschehen nicht scheinbar in der Retorte des Chemikers und wie genau sind diese Atome in ihrem Wesen und Wirken erkannt.

Die Chemie ist eine uralte Wissenschaft, sie schwebte als eine Erkenntniss der Stoffe und ihrer Verhältnisse zu einander schon dem Alterthum vor und doch war nicht ihre Geschichte eine Geschichte vom Irrthum der Menschen? — Die griechische Philosophie setzte jene vier Elemente: Wasser, Erde, Luft und Feuer. Aus den vier Elementen, dem feuchten Wasser und der trocknen Erde, aus Trockniss und Feuchte mit Hinzutreten der Kühle der Luft und Hitze des Feuers, aus den vier Müttern des Alls, oder vielmehr aus jenen drei ersten als Stoff und dem vierten als Kraft, sollten nach Ansicht der folgenden Jahrhunderte, zwei Urbestandtheile, Quecksilber und Schwefel entstehen und wurden diese zwei, als die Aeltern aller Metalle betrachtet. Die im Innern der Erdhöhlen verschlossenen Dünste steigen auf zum Oberrand der Höhle. Nachdem sie dort lange weilten, gerinnen sie (wenn im Sommer die Erde kühl wird), sie verdicken sich und fallen niedertröpfelnd auf den Grund zurück. Dabei vermischen sie sich mit dem Staub der Landstriche und

verweilen dort lange Zeit, von der Grubenhitze fort-
während gekocht, nehmen sie zu an Schwere und
Dicke und werden so zitterndes Quecksilber.

Die öhligen Lufttheile werden dagegen mittelst
der Staubtheile die sich ihnen beimischen und dadurch, dass die Hitze im Schooss der Erde sie kocht
allmälig, Brennschwefel. — Verbinden sich diese
beiden Stoffe und werden sie zu eins, während das
Quecksilber klar und der Schwefel rein ist; vermischen
sich! ferner ihre Theile im günstigsten Verhältniss,
ist endlich die Grubenhitze gleichmässig, ohne bösen
Zufall, so entsteht aus beiden Gold, trifft aber solche
Mischung Kälte, werden sie weisses Silber, trifft sie
Trockniss, wegen zu grosser Hitze, entsteht bei den
überwiegenden Erdtheilen Kupfer. Trifft sie aber
Kälte bevor die Theile des Quecksilbers und Schwefels zu eins geworden, verhärten sie sich zu Zinn.
Trifft sie Kälte bevor sie Eins wurden und sind der
Staubtheile mehr, werden sie schwarzes Eisen. Ist
des Quecksilbers mehr, des Schwefels weniger, die
Hitze schwach, entsteht aus jenen beiden Schwarz-
blei. Ist die Hitze übergross, so dass sie jene zwei
verbrennt, entsteht Spiessglas.

Solche Träume entstanden aus den Philoso-
phemen über die vier Elemente — aus dem vor-
schwebenden Gedanken von einem Verhältniss jener
Stoffe im Werden und endlich aus der selbstischen

Sucht Gold zu machen und dadurch die Welt zu beherrschen. Es war ein Irrthum der Jahrtausende die Welt beherrschte, denn es war System darin. —

Die thörichte Mutter die Alchemie, welche die Wissenschaft zur dienenden Magd der Selbstsucht machen wollte und jenes Accident der Natur, weshalb aus denselben Urstoffen Zinn statt des Goldes hervorgegangen, repariren zu können meinte, musste der weisen Tochter der Chemie, das Leben verleihen, denn die Forschung war einmal angeregt, sie konnte nicht rasten. In Ländern freilich, welche der Wissenschaft gar nicht oder wenig offen liegen, in welchem ein früherer Culturzustand festgehalten wird, blüht heute noch die Goldmacherei und kostet dem Bethörten Gut und Blut. — Gold aber ist ein Element, wer will es zersetzen, wer will es fügen!

Mit dem Verlassen der Thorheit war aber auch in der Wissenschaft die Wahrheit noch lange nicht gefunden. Man fand eine andre Mythe der man diente. Phlogiston (Verflüchtigungsstoff), war ein Zauberwort mit dem Stahl (1680—1734) lange den freien Lauf der Forschung bannte, bis Lavoisier (1793—1794) darthat, dass Verbrennung nichts sei als die Vereinigung brennbarer Körper mit Sauerstoff, und diese bei ihrer Verbrennung ebensoviel an Gewicht zunähmen, als sie Sauerstoff annähmen. Seit dem steht fest, dass bei keinem chemischen Process Materie verloren gehe noch solche entstehe. Nur Veränderung, keine Zerstörung. Die Materie ist an sich unzerstörbar.

Lavoisier setzte somit die Wage in ihr Recht ein und machte die Chemie zur exacten Wissenschaft.

Welchen Fortschritt gewährt aber die Atomrechnuug gegen die des specifischen Gewichts?

Die Chemie lehrt, dass die unendliche Mannigfaltigkeit der Körper aus einer verhältnissmässig sehr geringen Anzahl von Stoffen besteht, die bisher jeden Versuch sie in ihre Bestandtheile zu zerlegen verspottet haben. Diese bisher unauflösbaren Grundstoffe heissen Elemente und sind deren 63 festgestellt. Jene vier Elemente der alten Welt, worauf Aristoteles und nach ihm die griechische und mittelalterliche Wissenschaft alles begründete, sind bei Seite geworfen.

Enthält ja doch das eine der alten Elemente, Erde, alle bisher aufgefundenen Grundstoffe, also alle 63 Elemente der Neuzeit.

Atom ist und bleibt das Wunderwort der neuen Naturforschung. Atom selbst und an sich nie sinnlich wahrgenommen — nie an und für sich allein bestehend — es ist doch die Grundlage des Alls.

Zunächst kennt man die Atome der einzelnen Elemente nach ihrem Gewicht. Man setzte den Wasserstoff als den leichtesten aller Stoffe als eins;

und bestimmte nach ihm das Atomgewicht aller
Elemente. Ein Liter Sauerstoff z. B., wiegt 16 Mal
soviel als ein Liter Wasserstoff und ist somit sein
Atomgewicht = 16. Es ist erstaunenswerth in welchem klaren Zahlenverhältniss diese Elemente zu
einander stehn. Während man z. B. in der Mathematik das Verhältniss der Peripherie zum Durch-
messer mit absoluter Sicherheit nicht bestimmen
kann, denn jene ominöse Zahl P, d. i. Peripherie,
läuft in einem unendlichen Bruch aus; finden wir
bei dem Zahlverhältniss der Atomgewichte meist nur
ganze Zahlen, einige mit Zehnern.

Man könnte gegen das Atomgewicht protestiren,
wer bürgt uns dafür, könnte man fragen, dass in
einem Liter des einen Stoffs genau soviel Atome
enthalten sind als in dem Liter des andern, doch ist
dieser Zweifel längst gehoben, da nach dem Gesetz
Avogadro's (1811), in gleichen Volumen sämmt-
licher elementarer und zusammengesetzter Gase und
Dämpfe eine gleiche Anzahl von Moleculen (Atome)
enthalten ist, denn in ihrem gasförmigen Zustand
nehmen alle auflösbaren Stoffe den gleichen Umfang
ein; auch weiss man von den nicht in gasförmigen
Zustand übergehenden, also den nur im festen und
flüssigen Zustand vorkommenden Elementen nach
dem Gesetz von Dulong und Petit, dass sie durch
dieselbe Wärmemenge auf gleiche Temperatur erhöht

werden und muss danach auf die gleiche Anzahl der Atome schliessen.

Das so geregelte Atomgewicht schafft somit eine sichere Scala für die Berechnung.

Von Atomen kann man nur bei den 63 Elementen reden, bei zusammengesetzten Stoffen aber nicht. Von ihnen existiren die Atome an sich nie, denn in dem Augenblick, wo man die Stoffe in Atome auflöst, haben diese auch sofort eine andere Verbindung eingegangen, sie sind etwas anderes geworden. Man bedarf eines Ausdrucks, das kleinste Theilchen eines zusammengesetzten Stoffes zu bezeichnen und wählte dazu in der neuesten Zeit das Wort „Molecule" und bezeichnet damit in der neueren Wissenschaft eine Fügung, welche wenigstens aus zwei Atomen zusammengesetzt ist. Es ist somit das Moleculargewicht das Doppelte des Atomgewichts = 2. Als Einheit dient ihr das Gewicht von zwei Volumen Wasserstoff.

Atome mag es geben, doch können sie als Einzelne nicht existiren, denn sie sind in dem steten Fluss der Verbindungen. Molecule als ein Pärchen von Atomen, kann als erste Fügung existiren, wenn auch wohl nie ein Sterblicher ein solches je erkannte.

Obwohl das lateinische Wort „Molecula" dem griechischen Wort „Atom" gleich bedeutend ist, so hat es jetzt den doppelten Werth. Wir müssen hier

die Verdienste des Chemikers A. Hofmann hervorheben, einmal für die Feststellung des Begriffs Molecule und dann für den so fein vervollständigten
Apparat in dem man jetzt das Atomgewicht wie von
einem Thermometer ablesen kann.

Wie genau sind die Gesetze der Berechnung im
Reich der Atome! Bei menschlichen Rechnungen
kommt man fast stets auf eine Differenz, so manches
geht hier in die Brüche; in der Chemie ist die
Rechnung klar, hier ist kein Ueber- und kein Unter-
mass. Ein Liter Sauerstoffgas verbindet sich mit
zwei Liter Wasserstoffgas so genau zu Wasser, dass,
wenn mehr Sauerstoff da ist, derselbe unvermählt
zurückbleibt. Da ist keine Uebersättigung und keine
Verkümmerung, die Rechnung muss stimmen — hier
wenigstens spielt die Natur nicht mit falschen Würfeln. —

Verbindet sich nun je ein Atom eines Stoffs mit
je einem Atom Wasserstoff, so heisst ein solcher Stoff
einwerthig, verbindet sich dasselbe aber mit mehr
als einem Atom Wasserstoff oder dem ihm gleich-
werthigen, so sind die Stoffe mehrwerthig, zwei-, drei-
und vierwerthig. Nur von wenigen Elementen ist
man genöthigt eine höhere Werthigkeit anzunehmen.

Was thut nun eigentlich der Chemiker? Wir
antworten: er stöbert den Wahlverwandtschaften in
der Natur nach. Wahlverwandtschaften? Wort ver-

führerischen Klangs. Zeichnete nicht Göthe unter
diesem Titel, mit den feinsten Strichen in zauber-
haften Farben, die Ottilie?

Jenes Buch: „Wahlverwandtschaften", bethörte
so vielen Männern und zumeist Frauen, Herz und
Geist, und Wahlverwandtschaften giebt's hier in der
Chemie, einer Wissenschaft wahrer Aufklärung! Und
doch, Wahlverwandtschaften auch hier bei den kleinsten der Kleinen, den Atomen, ja auch sie haben
Kopf und Herz für sich, auch die Atome sind selbst-
ständige Wesen; aber sie sind in verschiedenen Banden
gehalten. Auch sie rütteln an der Kette, die sie bindet,
löst sich ein Glied derselben, suchen sie von Neuem
ihre Freiheit, um wieder in andere, ihnen lieblichere,
Bande zu fallen.

Denn alle Elemente haben nicht gleiche Verwandtschaft, d. h. sie ziehen sich nicht gleich stark
an. Sind nun in einem zusammengesetzten Körper,
zwei solcher Elemente vermählt, so tragen die Atome
still ihr Joch, jedoch nur solange bis ihnen die Verbindung mit einem ihnen näher stehenden Dritten
möglich ist. Wir haben z. B. das Wasser, es besteht aus Wasser- und Sauerstoff, beide bleiben bei
einander so lange sie dies Ehejoch tragen müssen.
Naht aber ein Verführer, etwa Kalium, d. i. ein Stoff,
der dem Sauerstoff näher verwandt ist als der
Wasserstoff, so sagen die Atome des Sauerstoffs

den Atomen des Wasserstoffs Ade, und vermählen sich dem Kalium; ihre Ehe mit den Wasserstoffatomen war nur auf Zeit — wer will denn ewige Fesseln tragen. —

Dadurch, dass der Chemiker die geheimen Neigungen der Atome kennt, ist er im weiten Reiche der Natur Herr, er lässt scheinbar entstehen und vergehen. Die ganze chemische Kunst besteht auf dieser Kenntniss von der näheren oder ferneren Verwandtschaft der Atome. Die Gewinnung der Metalle, die sogenannte Markscheidekunst, ist nur durch diese Forschung möglich.

Dem dunklen Schooss der Erde wird Erz enthoben, doch dieser Stoff enthält nicht reines Silber, denn Schwefel ist mit ihm vereint. Nun nimmt man einen Stoff, der in näherer Beziehung zum Schwefel steht, etwa Eisen, und bringt ihn an jenes Erz heran — siehe da — die alte Liebe rostet nicht, der Schwefel verbindet sich dem Eisen und das Silber wird frei von jener Schwefelfessel, die es eine Ewigkeit, d. h. seit der Formation unserer Erde geduldig trug.

On revient toujours à ses premiers amours! möchte man da ausrufen und etwa die Hypothese aufwerfen, dass im Urzustand, als unsere Mutter Erde noch eine Glutkugel war, manche Elemente in einer innigen, directen Urbeziehung standen. Durch die folgenden Evolutionen und Wandlungen in ihr, der

Urmutter aller irdischen Dinge, wurde aber diese ursprüngliche Wahlverwandtschaft getrübt. Wenn aber irgend die Banden sich lösen, strebt alles zu der ursprünglichen Ordnung zurück.

Wir kennen alle jenes Bild, die Götter Griechenlands, in unserem Museum. Auf dem Regenbogen wandeln, die Gestalten der Erhabenen, den Opferdampf der Menschen entgegennehmend. Ebenso könnte man von einem Urgürtel der Elemente im Schooss der Erde reden.

Von dem einen Pol der negativen Elektrizität, bis zum anderen Pol, der positiven, zieht sich nach der Forschung der Chemiker eine elektro-chemische Spannungsreihe. Die Glieder dieser Kette ziehen sich je näher sie einanderstehn desto weniger, je weiter sie von einander entfernt sind, desto mehr an. Les extrêmes se touchent, heisst es im Gesetze der Elektrizität, heisst es im Bereich der chemischen Elemente, wenn Chlor und Wasserstoff eine sehr grosse, Gold und Sauerstoff eine sehr geringe Anziehungskraft auf einander üben. Denn auch die Urstoffe der Welt reihen sich nach ewigen Gesetzen. Diesen Gesetzen nachforschend ist der Chemiker der Wundermann vor der Retorte, er lässt entstehen und vergehen, er bindet und löst, ein Glück für ihn, dass er seine Kunststücke einem gebildeten Zeitalter vorführt. Wäre er mit seiner Kenntniss einige Jahrhunderte früher erschienen, man hätte diesen Mann der Wissenschaft, trotz Beweis und Rechnung, als Hexenmeister den Besenreiterinnen des Blocksberges zugesellt und erbarmungslos ihn dem Feuer, seinem eigenen Dienstmann, zur Peinigung übergeben.

Möchten doch Wissenschaft und milde Sitte, Erkenntniss und Humanität als Zwillingsschwestern auch fernerhin den Lauf der Entwicklung regeln. —

b) Zelle.

Eine besondere Aufmerksamkeit widmet jetzt die Chemie dem Kohlenstoff, der sich mit vier Wasserstoffatomen zum Grubengas, unserem Leuchtgas entwickelt, und somit die Klasse der vierwerthigen Elemente repräsentirt. Der Kohlenstoff ist es ohne Zweifel, der die Mittel liefern wird, die Kluft zwischen dem Stein auf der einen, und der Pflanze und dem Thier auf der anderen Seite zu überbrücken. Die organische Natur, d. h. die Pflanzen- und Thierwelt schafft eine unendliche Menge von Verbindungen d. h. Pflanzen und Thiere, die alle das gemeinsam haben, dass sie Kohlenstoff enthalten. Gewiss, denn beide, Pflanze sowohl als Thier, leben. Leben aber ist nichts als ein Verbrennungsprocess, denn Leben verlangt Wärme und diese entsteht aus Verbrennung. Es ist nicht blos dichterisch, wenn wir von einer Lebensflamme reden. Ist das Feuerungsmaterial verbraucht, wird der Ofen, d. h. unser Leib kalt und wir sind todt.

Man theilt deshalb die Chemie in eine mineralische oder anorganische, welche sich mit den Elementen, ausser dem Kohlenstoff und der organischen Chemie, welche sich mit den Kohlenstoffverbindungen beschäftigt.

Der Kohlenstoff ist auch der Betrachtung ganz besonders werth, denn er ist einer ungemein grossen Anzahl von Verbindungen fähig, da er sich mit sich selbst verbindet. Vererbte etwa der Kohlenstoff wie eine Allmutter diese Fähigkeit ihren Kindern, den Pflanzen und Thieren?

Einst wähnte man es sei die Brücke schon gefunden. Als Wöhler 1868 nachwies, dass ein Product des Thierlebens, der Harnstoff, sich chemisch aus den Elementen bilden lasse, da schien es als sei auf einmal jener Schleier zwischen dem Reich des Todes (Mineral) und den Gefilden des Lebens (Pflanze und Thier) zerrissen, und weithin fiel der Blick, so schien es auf ein weites, weites, mit neuem Licht erhelltes Feld. —

Doch man blies zu früh die Siegesdrommete. Es hat die organische Chemie seither Grosses geleistet, die Anzahl der künstlich erzielten Kohlenstoffverbindungen ist grösser, als die von der Pflanzen- und Thierwelt gelieferten, und dennoch steht auch

heute noch die Wissenschaft vor jener Kluft, noch
kann sie nichts Lebensfähiges schaffen, denn der
Anfang alles lebendigen Seins, „die Zelle“, ist noch
nicht chemisch herstellbar, um die Retorte für den
homunculus, den Göthe im zweiten Theil des Fausts
vorführt, wirklich aufzustellen.

Die Zelle birgt also das Geheimniss; wer hebt
den Schleier von dem Vorhof der Schöpfung? nur
ein wenig ist die Hülle bisher gelüftet. So sehr auch
das bewaffnete Auge sich müht und der Geist des
Forschers mit geschärfter Combination die Beobach-
tungen vergleicht, die Finsterniss will noch nicht
weichen.

Die Zelle ist ein kleines, kleines Klümpchen
Schleim, dessen Innerstes sich zu einem Kern verdichtet und, so lautete es wenigstens früher, sich mit
einem Häutchen umgiebt, also ein kleines, kleines
Bläschen.

Viele lassen jetzt das Häutchen als unwesentlich
fallen und halten sich am Schleimkügelchen, dem
Plasma oder Protoplasma (Bildungsstoff). Nachdem
der Kern im Plasma sich gebildet, vergrössert es sich
und siehe da, ein zweiter Kern bildet sich dort, sie
trennen sich, aus einer Zelle werden zwei, aus zweien
vier, die geometrische Progression bis ins Unendliche ist da, denn aus den Töchtern werden Mütter.

Schon aus den sich stets verdoppelnden Zellen

sollen niedere Pflanzen und Thiere erstehen wie unsere Lohblüthe, Schleimpilze auf dem Lande, und Schleimkörperchen im Meere mit träger Bewegung. Durch Schleiden und Schwann wird aber nachgewiesen, dass auch alle höheren Thiere und Pflanzen aus solchen Kernzellen aufgebaut werden.

Welch' munteres Spiel des Werdens zeigt sich dem Blick des Botanikers. Aus jenen Zellen bauen sich die Röhrchen mit ihren Wandungen auf, durch die dann immer von Neuem die Zellen treiben, Röhrchen bilden sich an Röhrchen, Reihe auf Reihe, im ewigen Auf- und Niederstieg der rastlosen Theilchen des Alls, Leben und Wachsthum überall! Da baut sich auf der Halm wie eine Rundhalle mit Hohlsäulen, ein Knoten schliesst die Etage ab eine neue darauf zu bilden. Es bauen sich auf die Stäbchen, die Zweiglein, alles voller Gänge für den Zellenvertrieb, die Blätter bilden sich als Klärungsgefässe, dass neu gestärkt die Zelle weiter treibe um wie eine Krone des Baus die Knospe und Blüthe zu bilden. Im Schooss der Blüthe aber werden die Lager der Hauptzellen gebildet, um eine neue Schöpfung zu begründen, sei es, dass eine Aehre sowohl den männlichen Staub als die weibliche Fruchtzelle hege, sei es, dass besondere Blüthen für beide Geschlechter sich bilden.

Wie viel Jahrhunderte währte es nicht, ehe

man Mann und Weib in der Blüthe unterschied, im ganzen Mittelalter waren es die Araber allein, welche von einem Baum, der Palme, dies wussten. Sie hingen Büschel männlicher Blüthen in die Haine weiblicher Palmen und erwarteten vom Winde ihr Heil.

In der Blüthe ist die Kraft der Zelle zur Herrlichkeit entfaltet. Was muss aber nicht jene Keimzelle enthalten, dass der Bau der Blume, des Halmes, des Baumes sich füge? Trotz ihrer Kleinheit, so winzig wie sie ist, dem Auge kaum bemerkbar, ist sie doch schon eine organische Gruppe verschiedener Moleculegebilde. Man beurtheile sie nach ihren Thaten. War das Werk der Zelle beim Aufbau der Gebilde schon gross, so sind riesengross die Werke, die dem Saamenstäubchen bevorstehn, allgewaltig ist ihr Thun allgewaltig im Schaffen, allgewaltig im Vernichten.

Im Blüthenstaub als Mann und in der Fruchtzelle als Weib concentrirt sich das ganze Wesen der Pflanze im eminenten Sinne. Sie sind offenbar schon Halborganismen, Zellenreihen müssen in Blüthenstaub und der Fruchtzelle sein, einander im Wesen gleich und doch etwa in der Reihung verschieden, denn während die Bauzelle sich aus sich selbst durch Theilung mehrt und in den Halmen treibt und bleibt, bekömmt das Stäubchen freie Bewegung, es wird flüchtig um in den Hafen der Sehnsucht einzufliegen und dort mit der Fruchtzelle sich zu verbinden.

Beide bilden den Keim, d. h. einen neuen Organismus für Zellenbildung.

Gehen wir an einem warmen Junitage bei einem Roggenfeld vorüber, liegt es wie eine Wolke über den wogenden Aehren, während rings umher der Horizont so klar ist. Sehen sie! wie mein Roggen dampft, sagt froh lächelnd der Oekonom. Jene Wolke entstand aus Milliarden und aber Milliarden von Stäubchen, die von der Spitze der Aehre entsandt, umschwärmen, um in dem Kelch der weiblichen Blüthe am unteren Theil der Aehre ihre Liebe zu finden, dort haften zu bleiben, einzudringen und das nährende Korn entstehen zu lassen. Ein Spiel des Lebens um Leben wieder zu gewähren. Der Roggen blüht gut ab, wir haben eine gute Ernte, die Nation kann sich einmal wieder satt essen.

> Doch mit des Geschickes Mächten
> ist kein ew'ger Bund zu flechten
> und das Unglück schreitet schnell.

Der frohe Oekonom kehrt vom Felde heim. Eine Schaar junger Stiere werden ihm von einem Händler vorgeführt. Wie ergötzen jener Rinder breitgestirnte glatte Schaaren sein Auge! Es ist kein Tadel daran, er erwirbt sie und ist glücklich die Ankömmlinge in seinem Stall zu sehn. Sein Rindviehstand ist ja weit und breit berühmt.

8*

Jene Heerde kam nun zwar aus einer gesunden
Gegend, doch sie wurde auf einer Eisenbahn trans-
portirt. Am Tag vorher dienten diese Wagons zum
Transport einer anderen Heerde, darunter war ein
krankes Thier; wahrscheinlich blieben einige Härchen
an den Wänden hängen und an den Härchen ganz
unsichtbar und winzig Eierchen, d. h. Fruchtzellen
einer Todesbrut. Diese kleinen Halborganismen entwickeln sich durch die Wärme des neuen Insassen
jenes Wagons, sie werden Mann und Weib und eine
unendliche Menge von Todesorganismen findet seine
Brutstätte in dem schönsten der Stiere. In immer
grösseren Kreisen treibt die Woge der Vernichtung,
bis die ganze Heerde, der Stolz jenes Mannes, die
Perle seines Guts, wie er seinen Rindviehstall nannte,
vor Entsetzen brüllend und sich krümmend, dem
Tode hoffnungslos verfallen, niedergestochen und ver-
graben wird. Dahin sind sie — und wären sie auch
so schön wie Jupiter als er die Europa entführte —
dahin durch die Macht dieser kleinsten der Kleinen.
Vielleicht liegt das Rindviehunglück obwohl es
schlimm genug ist, uns ferner, aber der Schatten des
Todes ist uns eben so nah. Es herrscht die Cholera,
es herrscht der Typhus in einer Stadt, hundert und
aber hundert werden ergriffen, wie kriecht so heim-
lich die Schlange des Todes, bald hier bald da, einen
Heerd der Vernichtung bereitend.

In einem ringsumbauten Hof liegt ein Kranker, seine Ausscheidungen bergen eine unendliche Menge verderblicher Zellen, die Anwohner athmen davon ein, in ihren Leibern wird fortan der Tod gebrütet, die eingeathmeten Stäubchen entwickeln und paaren sich in unserem Leibe sie mehren sich bis sie die kräftigsten selbst dahinraffen. Wer ist gross und gewaltig, wer ist klug und gescheit genug sich vor der Macht dieser Kleinsten zu schützen? Ist unser Leben nicht umwogt von Lebens- und von Todesatomen, wer ist seines Ganges sicher? dass nicht die Todesatome über die Lebensatome siegen. Sind wir nicht alle wie Nimrod in der Mythe, der als der Gewaltigste der Gewaltigen dem Herrn trotzen zu können wähnte — da flog eine kleine Gnitze ihm in die Nase, sie gelangte in sein Hirn den Sinn zu verwirren und setzte ihn, den Hochmüthigen, gleich einem grasfressenden Vieh.

Doch welche Kraft wohnt auch dem kleinen Stäubchen inne. — Jenes Roggenstäubchen verlässt als die concentrirte Pflanzenkraft den festen Stand und wird mobil, von den Segeln der Hoffnung getrieben fliegt es umher, da ist der weibliche Kelch; wie von einer Sirene wird es angezogen und bleibt an der Narbe der weiblichen Blüthe hängen, keine Gewalt kann es fortan am Werke hindern. Das Stäubchen entwickelt sich zum Pollen (Schlauch) um durch den Griffel des Kelches zur Stelle seiner Sehnsucht zu

dringen. Der Pollen durchbohrt den ersten Festungs-
ring, der das Lager der verwünschten Prinzessin umschliesst, dringt weiter, geht vielleicht einmal irre,
doch er erkennt seinen Irrthum, er kehrt zurück den
Punkt zu finden, wo er den engen Gürtel des jung-
fräulichen Lebens sprengen kann — ein Siegfried
und eine Brunhild — er bricht hindurch, dorthin wo
die weiblichen Zellen im innersten Schooss des Kelchs
gebettet liegen, dass er sich mit einer derselben ver-
mähle und sie zum neuen Leben wach rufe.

Gemeinsam wirkt nun dieses Paar — was ein-
zeln keinem möglich war. Sie bilden den Keim zu
einem Neuding, das ganze Wesen des Blüthenkelchs
wird fortan ein andrer, alles arbeitet dort dem einen
Ziel der Neugeburt zu.

Die Stoffe im Schooss des Kelchs, wie die andern nichtbefruchteten Zellen, bilden Stoff, zur ersten
Nahrung. Ist die Speisekammer gefüllt, ist das Korn
reif, es fällt zur Erde und nun beginnt eine neue
Riesenarbeit.

Die uralte, doch ewig frische Allmutter, die Erde,
nimmt das Körnlein auf, ein neues Leben erwacht.
Mit unbegreiflicher Kraft wird ein hartes Korn wie z. B.
die Erbse gespalten — wie schwach ist dagegen die
Kraft eines Herkules. — Zwei Triebe gehen aus, der
eine sich tiefer einzusenken in den dunklen, kühlen
Schooss der Erde, der andere um hinauf zu treiben

in das Reich des Lichts, in die von der Sonne ver-
klärte und durchwärmte Luft. Ein Organismus ist
gebildet, dass fortan die Welt des Lichts und das
Reich der Finsterniss mit einander verkehre.

Man denke sich die zwei, ein Stäubchen als das
Männlein und eine kleine kleine Zelle im Kelch als das
Fräulein, und den gewaltigen Baum, der im Gebirg
dem Sturme trotzt, der kühn die schwere Laubkrone
dem Gesetz der niederdrückenden Schwere zum Trotz
in die Luft erhebt um dem Jahrhundert die Stirn
zu bieten, der unter seinem Schatten der müden
Schaar Schutz, Rast und Erquickung gewährt, in
dem Hunderte von Vögeln, Tausende von Insecten
ihre Heimath finden, er der gewaltige Kriegsheld in
der Schaar der Waldriesen, er ist nichts als ein
Kind der zwei Stäubchen. Mit seinem Vater trieb
der Wind sein lustig Spiel, bis er im Schooss der
Mutterblüthe seine Ruhe fand.

Welche Schätze der Natur müssen aber nicht
jene zwei enthalten? Was ist der Inhalt der geheimnissvollen Zelle? Der Agrarchemiker tritt diesem
Räthsel näher. Er nimmt ein verschliessbares Glas-
gefäss mit Wasser und bereitet einem Saamenkern
dort ein schwimmend Bettchen. Belebende Gase
lässt er einströmen, und sieh der Kern fängt an zu
leben, sein Keim arbeitet dem Wasser und der Luft
zu. Vorsichtig mischt der Chemiker nun dem Wasser

Stoffe bei, von denen er weiss, dass sie dem Keime
Nahrung geben. Ja, er macht Versuche, welche
Appetite eine Pflanze hat, und wie ihr dieser oder
jener Stoff bekommt. Von zwei gleichen Pflanzen
giebt er der einen, neben den Hauptstoffen, eine Extra-
gabe, ein neues Leibgericht, welches er der andern
verweigert, und sieh, die eine, die bevorzugte, wird
gross und stark und die andre kümmert sich durchs
Leben klein und schwach.

Auf diese Weise kann man die materiellen Neigungen der sanften Blumen belauschen und jede nach
ihrem Geschmack behandeln. Chacun à son gout,
heisst es da.

Nun wähne man nicht, dass die Neigungen der
Blumen stets so mild und sanft sind. Auch ihre
Geschmäcke sind verschieden, es giebt sogar Raub-
pflanzen, die Insecten in ihrem geöffneten Kelch
fangen, sie verzehren und dann ihren schönen Kelch
wieder zum neuen Fang öffnen; wie hinterrücks?
Andere sind noch blutgieriger, man kann ihnen ein
Beefsteak serviren — aber auch die Pflanzen die
nicht dem Leben nachstellen, sind trotz der ihr zu-
geschriebenen Sanftmuth und Milde gierig, ihre Sucht
nach Nahrung ist gewaltig. Das wusste man offenbar
schon im Alterthum und Mittelalter, da man die
Pflanzenseele die gierige, die Thierseele aber die zornige, d. h. blutgierige nannte.

Die Agrarchemie kennt nun schon eine ganze Anzahl von Elementen, ohne welche eine Pflanze nicht gedeiht. Dieselbe bedarf jener vier organischen Elemente des Kohlen-, Wasser-, Sauer- und Stickstoffs, sie bedarf nothwendig noch einer ganzen Anzahl andrer Elemente, wie Schwefel, Phosphor, Kalium, Calcium, Magnesium, Eisen u. a. Eine ganze Reihe andrer Elemente ist ihrer Entwicklung sehr förderlich. —

Der aus den beiden Zellen entstandene Trieb, hat die Fähigkeit diese Stoffe sich zu assimiliren, d. h. sie sich ganz zu eigen zu machen und dadurch zu wachsen; er könnte das nimmer, wenn nicht alle jene Stoffe, der Kraft und Anlage nach, im Saamen schon enthalten gewesen wären.

Es geht durch die Jahrtausende, wie eine Ahnung der Wahrheit, jener Satz: die Natur ist ein Kunstwerk des Schöpfers und selbst der geistreiche Spötter Voltaire vergleicht die Natur mit einer Uhr. Wir sind weiter vorgeschritten, wir haben complicirtere und genialer construirte Maschinen, wir vergleichen wohl die Natur in ihrer Gesammtheit mit der Locomotive; aber alle Vergleiche hinken. Ein Kunstwerk sei die Natur, ein möglichst vollendetes, d. h. ein Kunstwerk voller Harmonie, in dem die Theile dem Ganzen möglichst ähnlich, selbst harmonische Ganze bilden. Und sagen wir kühn: Wie die Allmutter

Erde aus der harmonischen Zusammenfügung der dreiundsechzig Elemente als ein Ganzes besteht, so — das wird die Wissenschaft einst lehren — besteht auch das kleinste und geringste ihrer Kinder, aus einer Fügung jener. Im Saamenkorn ist schon die ganze Harmonie der Elemente. Eine harmonische Kraftentwicklung aller Elemente, die alle verschieden, doch auch wieder in ihrer Gesammtheit eins sind — sie schafft Leben.

Doch wir gehen weiter. Mit welch' selbstbewusster Energie schreitet die Natur ihren Weg, mit welcher Genauigkeit erkennt sie ihr Ziel. In der organischen Chemie arbeitet sie genau auf das Atom. Bei Pflanze und Thier aber mit Ueberproduction. — Auf dem Felde stehen Weizen, Roggen, Hafer, Gerste, Halmfrucht, Rohrfrucht, Hackfrucht, alle senden Millionen und aber Millionen von Stäubchen aus — aber keine Confusion, keine Verirrung wird gestattet. Nur an der Narbe der gleichartigen Blüthe haftet das Stäubchen, oder hinge es in fremden Banden, würde es nimmer die Kraft gewinnen den Pollen zu bilden. Ist nicht die Natur wie ein Concert von vielen vielen Stimmen, Hunderte und Tausende von Tönen durchwirbeln die Luft, in unzählbaren Schwingungen erreichen sie das Ohr; doch der gebildete Sinn des Musikers weiss sie alle wohl zu unterscheiden, so wenig auch die

Schwingung verschieden sein mag, er fühlt sie ganz genau.

Im Walde stehn der Bäume viel. Eiche, Buche, Esche, Birke, Linde, sind vom Laubgewand umhüllt; andere wieder haben nicht flache Blätter, sondern spitze Nadeln als Athmungsorgan und Klärungsgefäss. Der Dichter sieht so gern den Eichbaum mit seinen gewaltigen Pranken, seiner rauhen Panzerrinde, seiner Kraft, womit die Eiche dem Sturme trotzt, für einen Kriegsmann, die Buche aber mit der glatten Rinde, ihrer saftgrünen, sammtartigen Mooshülle, mit ihrem glänzend grünen Blatt für das Edelfräulein im Walde an, aber nimmer wird das Stäubchen der Eiche im Schooss der Buche haften. Näher liegt vielleicht noch Fichte und Tanne — kurze oder lange Nadeln wie wenig sind sie verschieden — aber die Natur gestattet auch hier keine Verirrung, würde das Fichtenstäubchen dem Tannenkelch sich nahen — es würde schnöde abgewiesen und fiele in das Nichts zurück.

Der Dichter freilich kann von dem Tannenbaum sagen, dass er in seiner Nadelkrone wie in einer Aeolsharfe den Hauch des dahinsterbenden Wests auffange um seine Sehnsuchtsseufzer gen Süden seiner Liebe, der schlanken Palme, zuzusenden. Mag derselbe als Sinnbild des seufzenden Liebhabers im Liede gelten; in der Natur mag er seine Stäubchen senden so weit er kann, sie würden diese Liebesadresse nie erreichen, und erreichten sie sie, nimmer würde die Adressatin sie annehmen. So seufze denn fort armer Waldharfener oder erfasse als Mann das Leben wie es ist, nur im Gleichartigen suche dein Heil — was willst du in die Ferne schweifen, sieh das Gute liegt so nah. — Seufzte nicht so mancher einer fernen, unnahbaren Liebe nach. Doch der schwärmerische Jüngling ward ein vernünftiger Mann, er musste sich zu trösten wissen.

Nach den Erfolgen, welche die Agrarchemie schon errungen und nach dem Satze, dass alles was wird, in seiner Grundanlage der Kraft nach schon war, liegt die Ansicht nahe: Ein jeder Saamenkern hegt eine besondere Mischung der Urstoffe in sich, sie sind zwar alle einander ähnlich, viele aus gleichen Stoffen, aber die Mischung ist eine andere. Eine jede Pflanze ist ein besondrer Apparat der Natur, grade diese Mischung der Urstoffe zu erzeugen. Gewiss kann der Mensch sowie beim Thier, die Zeugungskraft der einzelnen Kerne auf ein nahverwandtes hin irre führen, aber die Natur thut dies von selbst nicht und möchte der Pflanzenbastard keine Zeugungskraft haben — Veredlung, d. i. Verbesserung der Art in sich ist dagegen gestattet.

Man sage nicht wegen der Menge von Gefügen stimme das Exempel nicht. Wir alle kennen ein

Schachbrett, und hörten die Geschichte, dass ein grosser Schah nicht im Stande war die Zahl von Körnern zu schaffen, welche durch Verdoppelung der Schachfelder entstand. Wie nun aber, wenn wir nur etwa zwanzig Felder annähmen, so viel Stoffe möchten die Agrarchemiker schon gefunden haben und wenn wir nun die Züge berechnen wollten die auf diesem Schachbrett der Natur möglich. Den Schachspieler selbst kennen wir alle — es ist eine Dame — die Wärme — und zu ihren Zügen möchten wir wie Araber ausrufen: Adjib — so nannte sich der grosse Unbekannte im Automaten — d. h. „Wunderbar". Wie nun aber, wenn wir 64 (ein Element ist noch unsicher) Felder annähmen?

Wir stehen an einem Blumenbeet — wie bunt, wie verschieden sind nicht die lieblichen Insassen dieses Stückchens Erde geformt, ob ihre Kelche im flachen Rand der Farben viele spielten, ob traubenförmig wie Glöckchen die zarten Blüthen hingen, ob wie schöngeformte Halbkugeln ihre Blumen sich wiegen oder im Spitzkelch sich erheben, sie alle sind als ähnliche, liebliche Schwestern dem Schooss der Allmutter, Erde, entkeimt; doch alle sind auch wieder ganz verschiedenen Wesens. Nimmer würde eins ihrer Millionen Stäubchen mit Glück die Reise in den fremden Kelch versuchen. So blühet denn fort, ein jedes fruchtbringend in seiner Art, ein jedes hinscheidend zu seiner Zeit, von dem Frühlingsstrahl der Sonne wachgerufen und von dem erkaltenden Herbststrahl derselben Sonne getödtet.

Naturgetreu lässt Rückert die sterbende Blume reden:

> Ach ich bin kein starker Baum,
> der ein Sommer-Tausend lebt;
> nach verträumtem Wintertraum
> neue Frühlingsträume webt;
> ach ich bin die Blume nur,
> die des Maies Kuss geweckt,
> und von der nicht bleibt die Spur,
> sobald der kalte Schnee sie deckt.
>
> Wenn du denn die Blume bist,
> o bescheidenes Gemüth,
> tröste dich, beschieden ist,
> Saamen allem, das da blüht.
> Lass den Sturm des Todes doch
> deinen Lebensstaub verstreuen.
> Aus dem Staube wirst du noch
> Hundertmal dich selbst erneuen.

Pflanze und Thier wurden bisher von einander getrennt. Pflanze, so hiess es, haftet am Boden, sie hat die freie Bewegung nicht, die dem Thier eigen. Wir sahen aber, dass die Pflanze am Ende, im Saamen, freie Bewegung bekam.

Pflanze heisst es schon im Alterthum, ist gesetzt als Vermittlung zwischen der todten Erde und der sich bewegenden Creatur, sie ist die Nahrung der letzteren. Abgesehen von den Schmarotzerpflanzen, passt diese Erklärung nicht auf eine Menge pflanzenartiger Wesen. Die Pilze nähren sich von organischen Stoffen — wie das Mutterkorn und der Brand im Weizen. Selbst jene kleinen kleinen Dämonen die die Rindviehheerde zerstörten, sind höchst wahrscheinlich Pilzorganismen.

Der Unterschied ist schwer zu finden.

Wir nehmen einen Wassertropfen unter das Mikroskop; der kleinste Theil des Sees, der Tropfen, wird zum Weltmeer unter dem Glas; ha! wie die kleinen Infusorien dort einander jagen, hetzen, sich bewegen in den wunderbarsten Gestalten. Diese Kleinen, sie gaben einem Ehrenberg, dem grossen Meister in der Erkenntniss von der kleinen Welt, die Mittel ganze Reihen der Schöpfung zu erschliessen — sind sie Pflanzensporen, sind sie Thiere — sind sie nicht vielmehr beides? Denn in den Anfängen grenzen Pflanze und Thier aneinander. Ganze Lagen unserer Erde werden als Reste verwester Creaturmengen erkannt. Sind es Pflanzen-, sind es Thierreste, wer löst die Frage, denn auch die Sporen der Pflanze leben. — Gewiss die Pflanze hat den Beruf die unorganischen Verbindungen der Erde zu organischen zu entwickeln; sind sie aber nicht im Spiel ihrer Saamen schon selbst organische Wesen? Wenn nun

die Meister selbst uneins sind in solchen Haupt-
fragen, wer will den Unterschied dann fixiren?

Es ist anzuerkennen, dass trotz aller Verschiedenheit der Erscheinung, schon Aristoteles der Vater
der Naturwissenschaft die Aehnlichkeit beider aner-
kannte, schon Aristoteles verglich die niederen Stufen
der Thiere mit den Pflanzen. In der Stufenleiter
aller Dinge fanden auch die Araber schon Mittelstufen zwischen diesen beiden. Nur begingen sie
den Irrthum, die vollendete Pflanze, die Palme, unter
das niedrigste aller Thiere, nämlich die Larve im
Rohrknoten, die nur einen Sinn hat, zustellen, denn
auch die Pflanze habe nur einen Sinn, den Tastsinn.

Anders die heutige Forschung. Der Ursprung
beider — Thier und Pflanze nicht unterscheidbar, beide
entwickeln sich aus der Zelle und wie dies bei zwei
Zweigen ähnlichen Ursprungs ist, sind beide in ihren
ersten Stufen nicht zu unterscheiden, das Thier ist
pflanzen- und die Pflanze thierähnlich. Ist die
aus Thiercolonien entstehende Koralle — von den
Arabern schon ein Pflanzenmineral geheissen —
nicht pflanzenähnlich? Wenn der vom Polypen los-
getrennte Arm zum selbstständigen Wesen sich entwickelt, ist der Polyp dann nicht pflanzenähnlich, da
ein Ableger von ihm ohne Weiteres lustig weiter
wächst?

Beweisen auf der andern Seite nicht schon die

niedrigen Pflanzen, wie Algen, dass sie in der Be-
saamung thierähnlich? Sind nicht beide, Thier und
Pflanze, Kohlenstoffverbindungen, beide wachsen
durch die in ihnen concentrirte Wärme — und doch
wie verschieden sind beide.

Beides sind Kohlenstoffverbindungen, jedoch die
eine, die Pflanze, hat die Zuthaten der Urstoffe in
anderem Maasse als das Thier — sie war offenbar
früher als jenes — sie ist ja die Nahrung für jenes.

Wie beide, Thier und Pflanze, einander bedingen,
weiss der Chemiker am besten. Der Begriff Kohlensäure — das Gemisch von Kohlen- und Sauerstoff —
löst ihm das Räthsel. Von der in der Natur· in
grossen Massen producirten Kohlensäure athmet die
Pflanze ein, sie braucht zu ihrem Aufbau den
Kohlenstoff davon und athmet Sauerstoff aus.
Das Thier aber, welches ·eine Menge Vegetabilien
genoss, hat der in der Pflanze enthaltenen Stoffe zu
viel, sein Blut enthält zuviel Kohlenstoff, es athmet
den Sauerstoff als Zündung ein, das Zuviel zu verbrennen und so den Ueberfluss alles eingenommenen
Kohlenstoffs auszuathmen. Der berühmte Liebig nahm
ein Aquarium und that darin Thiere niederer Stufen
sowie Pflanzen und verschloss es hermetisch. Sollte
die Creatur nun nicht verhungern, ersticken, ver-
kommen. Nein durchaus nicht — was die Pflanze
ausschied kam dem Gethier, was das Gethier aus-

9

schied kam der Pflanze zu Gut. Die Welt dort im Kleinen befand sich in ihrer Abgeschlossenheit so wohl — sie sassen so traulich beisammen. Eine Lebensversicherung auf Gegenseitigkeit. —

Das Leben der Pflanze ist ein milder, das Leben des Thiers ein heftiger Verbrennungsprocess. Ist es zu verwundern, dass ein Gesetz nur herrscht in beiden Reichen; nur Modificationen erleidet dasselbe, wesentliche Veränderungen aber sind nimmermehr gestattet.

Auch die Entstehung des Thieres kann nur aus den Fruchtzellen, die aus der Blüthe der Entwickeung im Vater und der Mutter hervorgingen, stattfinden, und schon die Zellen der Arten, sind sicher in der Mischung jener Urbestandtheile verschieden. Soll etwa die Zelle des Hundes zum Aufbau einer Katze dienen? Grade das wird ein ewiges Verdienst unserer Naturwissenschaft sein und bleiben, die Einheit der Grundstoffe auf der einen, dagegen die Verschiedenheit der Mischungen in den einzelnen Stufen d. i. Arten auf der anderen Seite dem menschlichen Geist als weite weite Perspective zu stellen. Die Arten gehen aus den verschiedenen und in ihrer Verschiedenheit festgehaltenen Mischungen im Lebensstoff, der Zelle, hervor. So lehrt der gesunde Menschenverstand nach dem Grundsatz, dass alles was sich als Verschiedenes entwickelte, schon in seiner Anlage Verschiedenes war.

Man verglich die Welt mit einer Uhr, die Natur war der Uhrmacher; man hat die Erde mit einer Maschine verglichen, die Natur war der Ingenieur, man gestatte noch einen Vergleich: Nennen wir die Natur eine Frau Chemica. Sie ist eine Meisterin der Chemie, die Erde sind die Elemente, aus denen sie, der Sonnenstrahl die Kraft, mit der sie schafft. Alle Pflanzen- und Thierkörper, eine jede ihrer Arten, wie viele Myriaden es sein mögen, sind ihre Apparate um den Lebensstoff in seiner Vielheit zu bereiten und das werdende Individuum im Sein der Gattung und die seiende Gattung im werdenden Individuum zu erhalten. Ist das etwa neu? nein uralt. Als Aristoteles philosophirte, waren die Augen der Menschen noch gebunden, ihr Blick noch nicht geschärft. Jenen Rundlauf vom Ei zur Made, von der Made zur Raupe, von jenem Fresser, der Raupe, zur Puppe und aus der Puppe zum Schmetterling, und vom Schmetterling wieder zum Ei, kannte man nicht.

Man wusste nicht dass der Leichtbeschwingte aufstieg in das Reich der Wonne um einen Tag der Liebe zu leben, dann aber im dichten Gespinnst, in den Ritzen des Baums, im Schooss der Erde die Brut birgt, bis nach den kalten Tagen des Winters die Frühlingssonne das neue Leben wachruft.

9*

Diese niederen Creaturen, so meinte Aristoteles, seien Gebilde direct von der Natur geschaffen, ihre Mutter sei die kühle, feuchte Erde und ihr Vater die heisse, trockne Sonne. Er sagte damit als Philosoph dasselbe was das uralte Heidenthum in seiner Mythe poetisch vorgebildet hatte. Entstehen und Vergehen sind die ersten Begriffe, deren sich der Mensch bemächtigt, und dazu tritt der Unterschied von Mann und Weib. Baal der Herr oder Adonis der Herr, oder (el) Macht, d. i. Gott weckt mit seinem warmen Sonnenstrahl die schlummernde Allmutter (ëm) die Erde. Der Geliebte kehrt wieder, hiess es, beim Fest der Frühlingsgleiche, der Geliebte der Erde ist gemordet, sein Blut fliesst, hiess es, am Trauerfest der Herbstgleiche, wenn die Ströme Syriens anschwollen roth von der abgespülten Erde. Ebenso kennt das hohe Alterthum Moloch, König, als Herr der Vernichtung, der im Feuer Menschenopfer fordert, und die Astarte, die Göttin des Krieges, welche wie die Athene der Griechen, Göttin aller Kunst ward. Denn der Krieg lässt die Kraft erscheinen.

Die kühle Feuchte und die trockne Hitze, sind die Aeltern der Wesen, deren Entstehung man nicht kannte. Die generatio aequivoca, die Schöpfung ohne Aeltern beherrschte den Geist Jahrtausende hindurch. —

Als ein deutlicher Beweis für die Schöpfung

ohne Aeltern galt im Alterthum seit Aristoteles und im Mittelalter die jungfräuliche Biene. Die Biene ist das Thier aller Weisheit, im wohlgeordneten Staatswesen schafft sie den Honig, die Süsse des Lebens und das Heilmittel für so viele Leiden. Der Honig vom Hymettus war eine halbe Göttergabe für die Athener — er scheint verliehen durch die Gunst der Unsterblichen. Die Jungfrau des Alterthums ward zum Engel im Mittelalter bei den Arabern, die Bienenkönigin hegt als die Spenderin der schönen Gabe, als die weise Regiererin des Staats, in sich eine Offenbarung Gottes an sie, so meinte der Koran, das unfehlbare Buch für so viele Millionen.

Trotz der grossen Bienenpflege, war doch die Entstehung derselben ein Räthsel. Was wissen wir heute davon?

Im entstehenden Bienenstaat werden einige grössere Zellen gebaut, in ihnen kann ein vollständiges Weibchen sich entwickeln; in den kleineren Zellen dagegen entstehen Krüppelweibchen, d. i. Arbeitsbienen und in anderen die Drohnen, die Männchen.

Von den in den Grosszellen entwickelten Weibchen lassen diese Thierchen eins leben, tödten aber die anderen. Nicht gut ist die Vielherrschaft! einer sei König!

Nun zieht zur Zeit die Königin aus und um sie her die grosse Schaar der Drohnen; so durchschwärmt sie die warme Luft, wie die Araber meinen, selbst in den Mondnächten, und rings um sie buhlt schwärmend die grosse Schaar der Drohnen. Zurück kehrend eilt sie so rasch sie kann in die neugebauten Zellen, in jede ein Ei zu legen, dass neuer Spross entstehe.

Kann man es der neuen Zeit verdenken, wenn sie sich höchst skeptisch gegen diese Mond-schein-Promenaden mit Drohnen-Begleitung der soi disant Jungfrau Biene verhält? So mancher zweifel-haften Jungfer Braut nahm der Geistliche den Kranz vom Haupt, warum sollte die Zoologie nicht auch der Biene dies anthun? Sie wird sich darob nicht sehr betrüben und ruhig weiter schwärmen. Das Gegentheil vollführten freilich öfter heilige Päpste. Von grossen Malern liessen sie ihre Geliebte als Madonna mit dem Heiligenschein malen, dass das Volk sie als die heilige Jungfrau verehre. Gegen die Dummheit kämpfen Götter selbst vergebens.

Ein grosser Fortschritt war der generatio aequi-voca gegenüber jener Spruch: Alles Lebende kommt aus einem Ei, da man erkannte, dass das geschwun-dene Geschlecht Saamen seiner Art hinterlassen um der neuen Schöpfung des neuen Jahres zu dienen.

Und ein ebenso grosser Schritt liegt im Aus-spruch: Jede Zelle aus der Zelle — d. h. die Zelle ist der Lebensstoff, aus dem alles Lebende hervorgeht.

Aber dennoch bleiben wir im Zauberring. Aus der
Zelle bauten sich auf die Individuen, aus ihrer Paarung geht hervor ein Organismus, d. h. eine Zellen-
fabrik um Wesen gleicher Art zu bilden. Es bleiben
als Stufen: Atom die erste und kleinste Theilsubstanz
der Elemente, Molecule der kleinste Theil der zusammengesetzten Körper, die Zelle, die schon organi-
sirte Moleculenmenge, aus welcher, nachdem der Aufbau vollendet, die Fruchtzellen, schon im Geschlecht
getrennt, als Halborganismen hervorgehen um durch
das Fruchtei, den Vollorganismus, die neue Zellen-
entwicklung zu begründen.

Wir laufen im Zirkel, wo ist der Anfang? —

Wie bildete sich aus der Bauzelle das erste Paar
einer jeden Art?

Jedoch so viel scheint klar, die Natur schafft —
mit immer frischer Kraft — aus der Elemente Saft —
durch ihre bestehenden Apparate — dieselben Formate.

Die bewegende Ursache.

Woher die Bewegung? so fragte der grosse
Grieche, der Begründer aller Wissenschaft, Aristoteles, das verschleierte Urbild der Natur, und construirte an der Bewegung das All. Er setzte:

a) den zwar bewegenden doch nicht selbst bewegten Urbeweger,

b) das von ihm zwar Bewegte, doch auch selbst
wieder Bewegende, die Natur,

c) das nur Bewegte, den Stoff.

Was ist Bewegung? so fragte Aristoteles und
antwortete: Ortsveränderung, Entstehen und Vergehen, Zu- und Abnahme, d. h. das ganze Wesen
aller Dinge ruht in der Bewegung.

Was ist Bewegung? fragte man seit Aristoteles
und ging bald diesen und bald jenen Weg.

Erst in neuester Zeit kann man eine der
Wissenschaft genügende Antwort auf diese Frage
geben. Es ist das Verdienst von Rob. Mayer, einem

Arzte in Heilbronn, dieselbe so gefunden zu haben, dass sie als Grundlage für einen neuen Aufbau der Physik diente.

Die Räthsel der Wissenschaft sind Ellipsen, den einen Brennpunkt kennt man, findet man den andern dazu, kann man den Umkreis festsetzen.

Den zweiten Brennpunkt zum Begriff „Bewegung" fand Mayer im Begriff „Wärme" und seine Definition: Wärme ist Molecular-Bewegung liess beide Begriffe in Eins zusammenfallen, so dass es dem Physiker Helmholtz seitdem gelang, von diesem Mittelpunkt aus den Kreis der Wissenschaft allumfassend zu ziehen und alle Erscheinungen auf dies Princip zurückzuführen.

Wärme ist ein Zustand der Materie und zwar ein Bewegungszustand ihrer kleinsten Theile, der Atome; er wird hervorgerufen direct oder indirect durch die Sonne.

Dort auf der Höhe des Meeres eilt das Dampfboot dem rasch schwimmenden Fisch vorauf. Da beginnt ein Wetter heraufzuziehen, finstre Wolken umhüllen den Horizont wie Schleier des Verderbens, da hindurch fahren die Blitze wie die Lichtpfeile kämpfender Götter, der Sturm heult, die Donner rollen, die Woge brüllt, hoch auf bäumt sich das Meer, weiss schäumend ist der Kamm der Wellen, als wenn hoch sich bäumend die Rosse Neptuns die Mähnen schüttelten.

Aber die kleine Nussschale nimmt ruhig den Kampf mit den alten Elementen auf, wie ein Salamander kriecht sie auf ihrem Feuerbauch die steile Woge hinan und von der Höhe herab schlägt das Schiff dann wieder nieder in die jähe Tiefe. Das Schiff ächzt, so sagt der Seemann, der vom Schaum überschüttet am Steuer steht, doch er verzweifelt nicht. Wieder hebt sich der Bug aus der finsteren Tiefe der Welle hinauf zum weissbeschäumten Wogenkamm, mit der neuen Riesenwelle den neuen Kampf zu beginnen. Kräftig feuert der Heizer im Bauch des Schiffs, er sperrte ja die Elemente dort zusammen, die Hitze erzeugt den Dampf, der Dampf ist das Kind des Wassers und des Feuers; es probire der Junge seine Kraft mit den alten Wogen des Meers, woher er genommen. Lange hat das Schiff gerungen, da durchbricht ein Sonnenstrahl die finsteren Wolkenschleier und alles jauchzt auf, man fühlt sich wieder dem Urprincip des Lebens nah. Die Sonne ist das einzige Princip aller Wärme. Was war der Sturmwind? Das Gewoge der am Aequator aufsteigenden, wärmeren Luft zur kälteren und deren Rückstoss. Das Gewitter ist ein Wärmeprocess, der Wind, das Kind der Wärmewogung, regte die Wasserwogen auf, dass sie einander rieben und gegeneinander rangen. Die Kohlen im Schiff sind die

Reste einer früheren Welt, einer früheren Sonnenarbeit, d. h. Kohlenstoffanhäufung. Alles sind Wärmephänomene: Lichtwellen, Schallwellen, Dampf- und Luftgewoge, Wasserschwellen, der Kampf im All ist nichts als ein Ringen verschiedener Temperaturen.

Auf das Princip der Wärme ward das Gesetz von der Erhaltung der Kraft begründet, das sich in allen physikalischen Erscheinungen und Gesetzen bestätigt findet.

Keine Kraft kann aus sich gewonnen, aber auch keine Kraft verloren werden oder einfach vergehen. Bei der Reibung und beim Stosse tritt ein Verlust von lebendiger Kraft ein, d. h. die zur Ueberwindung der Reibung aufgewandte Arbeit tritt nicht in Form von lebendiger Kraft, einer bewegten Masse, auf, aus der sie wieder erhalten werden kann, sondern die hierbei scheinbar verlorene lebendige Kraft, ist in der erzeugten Wärme wieder zu finden. Worin beruht also die Kraft der Natur? in der Wärme.

Wir fahren auf der Bahn, was bewegt den langen Zug? der Dampf, d. h. die bewegten Molecule des Wassers treiben mit ungeahnter Kraft die Kolben und Räder, dass wir im Fluge die Saatfelder, die Fichtenhaine, die Sandsteppen und die Dörfer durcheilen. Wir steigen aus, wir denken: nun hat die liebe Seele Ruh, jene Bewegung hat aufgehört, die Locomotive steht ja im Schuppen. Doch nein, die durch die

Reibung der Räder erwärmten Schienen strömen
Wärme aus, ihre Theilchen bewegen sich sowie auch
der von der Locomotive ausgeführte Luftstoss in
immer weiteren Kreisen wogt.

Keine Bewegung ohne Wärmeentwicklung; bewies
doch der Physiolog Dubois-Reymond, dass bei jeder
Zuckung des Frosches ein elektrischer Strom sich ent-
wickle, der die Magnetnadel bewege; die kleinste Bewegung entwickelt Wärme und ruft wieder Bewegung
hervor.

Unsere Kundgebungen sind schwach, der Stimme
Schall reicht nicht weit, der Brief geht langsam, doch
im Nu umfliegt der electrische Funke die Welt; der
Lichtbote im Kupferdraht ist er nicht wie ein be-
flügelter Engel, der aller Ahnung spottet? Und doch
was ist er anders als die rasche Molecularbewegung,
so rasch, dass sie alle Vorstellung übersteigt. Feuer,
Licht, Elektricität, Wärme, alles nur Bewegung der
Molecule.

Ein Chemiker hat dort einen Stoff, er will ihn
bewegen, verwandeln, was hat er für Mittel? die
Wärme. Thut es nicht die Spiritusflamme; thuts die
zur Weisgluth erhitzte Platinakugel; kann es nicht die
Platinakugel, muss es der elektrische Strom leisten.
Gebt mir grössere Wärmequanten, ruft er, dann zersetze
ich noch die Elemente. Was kann die Pflanze denn
beleben? nur die Wärme. Es entkleidet im Frühjahr

der Gärtner den erstarrten Rosenbaum von der ihn
schützenden Hülle; während des Winters schlummerte
derselbe wegen Mangel an Wärme. Sorgsam achtet der
Gärtner auf die Witterung, ob auch nicht die belebenden
den Frühlingsstrahlen vom Winterhauch verjagt werden;
den; doch die treue Sonne lässt uns nicht im Stich;
die Rose arbeitet, sagt nach einigen Tagen der Gärtner,
sie wird so leicht nicht erfrieren. Sie arbeitet, d. h.
die Pflanzenzellen steigen bei der Wärme auf und
durchziehen den Bau der Pflanze durch all die tausend Röhrchen um nach den Sprosspunkten mit neuer
Kraft sich zu drängen und Blatt und Trieb zu bilden.
Ein Kreislauf findet fortan statt, ein ewiges Leben,
ein Aufstieg in den durchwärmten Pflanzenleib und
eine Rückkehr in den Schooss der Erde um mit
neugestärkter Kraft und neuem Stoff den neuen
Kreislauf zu beginnen. Zwei Temperaturen, d. h.
Wärmegrade in der Luft und in der Erde bewirken
den Kreislauf. Es sind die schönen Tage des Juni
und wir stehen an demselben Rosenbeet, wie hat es
sich entfaltet. Dort ist die eine der Blüthen in einer
dunkelpurpur Sammt-Robe wie eine Königin, die andere einfach wie eine Schäferin, in zartem, weissen
Linnen, die dunkelrothe scheint dem glühenden Feuer-
hauch des Frühroths entsprossen, jene rosafarbene
aber ein Gebilde sanfter Abendstrahlen zu sein.

Doch was auch immer die Dichtung bilden möge,

sie sind Gefüge, welche die Natur erschuf, die Kräfte der Erde, des Wassers und der Luft mit einander zu vermählen, dass die Sonne auf ihr Blatt die Schönheit der eignen Farben male. Töchter der Sonne sind sie, wachgerufen von ihrem Strahl pflegte sie die Allmacht des Lichts mit ihrer Wärme und fügte Zelle auf Zelle.

Schon Aristoteles stand sinnend vor der Pflanze. Die Pflanze besteht nach ihm zunächst aus Erde und dann aus Wasser das ihr zur Nahrung dient. Nicht nur Ahnung ist in ihr wie im Magnet, nein volles Leben; eine Seele ist in den Pflanzen. denn sie leben, und die Seele ist das Princip des Lebens, beide Begriffe sind einander entsprechend.

Der Process von der Entwicklung und dem Wachsthum der Pflanze haben die aus aristotelischen Elementen sich bildenden Anschauungen der gebildeten Araber im 10. Jahrhundert so dargestellt: Wenn die Sonne aufgeht, heisst es hier, werden die Wasser warm, sie lösen sich in Atome zu leichtem Dunst auf und steigen in die Höhe bis zur Eiskältezone. (Der Raum zwischen dem Mondkreis und der Erde zerfällt nämlich in drei Zonen: die Aether-, die Eiskälte- und die Windhauchzone, jede derselben wird 16000 Ellen dick gerechnet.) Dort am Rand der Windhauchzone bleiben sie stehn und thürmen sich zusammen zu Gewölk. Die Winde treiben die

Wolken über dieselben Länder und fallen dieselben
als Regen nieder. Die Erde saugt die Regen ein und
die Theile beider vermischen sich. Scheint dann die
Sonne von Neuem, werden die Wassertheile warm
und steigen mit den mit ihnen vereinten Erd-
theilchen zum Oberrand, wo die Kräfte der Allseele
sie zu verschiedenen Pflanzen ausbilden. Beim
Wachsthum der Pflanze sind aber sieben Kräfte der
Pflanzenseele thätig, die anziehende, haltende, gährende, nährende, stossende, formbildende und Wachsthum verleihende. Die ziehende Kraft zieht die
Feuchtigkeiten mit den mit ihr zu Eins gewordenen Erd-
theichen an, sowie der Schröpfkopf das Blut aufsaugt.
Dieser Stoff kommt zu den Wurzeln der Pflanzen, hier
bringt die gährende Kraft ihn zur Reife und wird
derselbe ein den Wurzelkörpern entsprechender Saft.
Die nährende Kraft erfasst dann diesen Stoff und
lässt davon einer jeden Pflanzenform das passende
anhaften, auf dass sie zunehme. (I. Gare.)

Das übrige der Stoffe, das fein und zart geworden, stösst die Pflanzenseele über die Wurzel hinaus
den Schösslingen zu, die ziehende Kraft zieht es
dorthin, die haltende hält es hier fest, dass es nicht
herabrinne und bringt die gährende Kraft diese
Stoffe zum zweiten Mal zur Reife; sie verändert diese
Mischung und assimilirt sie den Aesten und Zweiglein. Diese Mischungen werden zum Stoff der

Pflanze, das Gewächs nimmt zu an Länge, Breite und Dicke. (II. Gare.)

Den hier nun übrigbleibenden Saft treibt die Pflanzenseele über den Wurzelstamm und die Schösslinge hinaus. Die ziehende Kraft zieht sie hinauf und die haltende Kraft hält sie dort fest, dass sie nicht herabrinne. Die gährende Kraft versetzt sie zum dritten Mal in eine andere Mischung, sie den Blumenblüthen, den Samen- und Fruchthüllen assimilirend. Sie werden so Stoff für diese. (III. Gare.)

Die übrig bleibenden feineren Säfte macht die Pflanzenseele zum Stoff für Korn und Frucht. Die gährende Kraft kocht sie zum vierten Mal, das Dicke wird Schale und Kern (der knochige Kern), das Zarte und Feine aber Stoff für Mark, Korn, Frucht, Fruchtsaft, Oel und Dattelhonig. (IV. Gare.)

Erde und Wasser werden nach der alten Theorie durch die Wirkung der Wärme zum Stoff für die Pflanze. Pflanze und Thier sind auch heute noch die von dem grössten aller Chemiker, nämlich der Natur aufgestellten, mit voller Umsicht gehandhabten, chemischen Apparate um die in Erde, Luft und Wasser enthaltenen Urstoffe zu verarbeiten.

Die Vorstellungen, dass die Pflanze als Wärmeapparat direct Erd- und Wassertheilchen sich assimilire, wie wir sie bei den Arabern des 10. Jahrhunderts fanden, mag roh genannt werden, dennoch

war sie Jahrhunderte hindurch die herrschende und
setzte sich fort in der sogenannten Humustheorie,
welche ihre Hauptgrundlagen in der Erfahrung hatte,
dass die in der Düngung dem Lande mitgetheilten
Verwesungsstoffe pflanzlicher und thierischer Reste,
Stickstoff den Pflanzen zutheilen und so deren rasches
Gedeihen bewirken.

Auch unsere Dichtung redet so gern von den
belebten Blumengeistern, hat man so Unrecht?

Ist nicht die Pflanze ein harmonisches Ganze
des All. Aus den Atomen der Elemente im Schooss
der Erde und im Gewoge der Luft baut sich ihr
Körper auf, die Wärme der Sonne fügte sie und
liess sie wachsen und erblühen.

Hunderte von Farben sind im Blumenbeet, sie
alle färbte mit den schönsten Tinten eine Mutter,
die Sonne, so dass in den verschiedensten Brechungen
ihr Strahl unsere Netzhaut trifft und so verschieden sie
erschüttert, dass wir der Farbenschönheit uns bewusst
werden. Der Reflex der Lichtwellen von den verschiedenen Farben aus ist verschieden und wir em-
pfinden die Verschiedenheit.

Schon die Araber des 10. Jahrhunderts hatten
eine ähnliche Vorstellung. Zwei Tröpfchen klaren
durchsichtigen Wassers sind die Augen, der Strahl
dringt in sie ein und bringt die Farbe der verschie-

10

denen Dinge mit. Die Augäpfel färben sich und diese Veränderung nimmt die Sehkraft wahr.

Doch verlassen wir den Garten mit seinen Blumenbeeten. Wir hören die Klänge einer Beethovenschen Symphonie im Saal. Genau und klar dringt jeder Ton ins Ohr und in das Herz. Es ist als wären es Klänge aus der Urharmonie des Alls, welche die tiefsten Falten unseres Bewusstseins erschüttern; denn das Bewusstsein, dass die ganze Welt, die geistige und sinnliche, nur eine gewaltige Ordnung von einem allgewaltigen allweisen Schöpfer sei, das ist's, was wir in den harmonischen, was wir in den sinnlichen und in den geistigen Schöpfungen ahnen, fühlen und zum Theil erfassen. Erfreut sich nicht jede Lichtwelle des Zusammenhangs mit der Sonne, strömt sie nicht ihre Kraft mit aus?

Doch wie vernehmen wir die Klänge? Schallwellen sinds, die in harmonischer Folge unser Trommelfell berühren, das in sich wunderbar gefügt eine ähnliche Claviatur, eine wohlgeordnete Reihe von Klangstäbchen hegt, so dass jeder Ton hier seine Heimath finde, jeder Klang den Anklang habe.

Ein jeder Ton ist ein Stoss in die Luft, der ein Luftgewoge schafft, das unser Ohr berührt — so lehren schon die Araber des 10. Jahrhunderts, wir wissen jetzt das klarer, aber anders ist es nicht geworden.

Ein Physiker nimmt dort ein wenig trockne Säge-
spähne, sie sind kleine Trümmer einer Eiche, eines
alten herrlichen Prachtbaus der Natur, eines Riesen
im Walde; er streut sie hin auf eine Glasplatte und
nimmt die Fidel, er streicht die Glasplatte und sieh
die Stäubchen ordnen sich zu Klangfiguren, so klar und
rein, so wohlgereiht, dass die ersten Tänzer im Contre-
tanz sich dort ein Vorbild nehmen könnten. Es ist
als fidelte der Physiker zum Todtentanz der Schöpfung
und wie? auch in dem Tode noch die Ordnung.

Dicht an den Garten grenzt der Hof, bevölkert
vom Geflügel. Da hat eine brave Henne eine Anzahl Eier in's verborgene Nest gelegt, sie fühlt die
Brutgluth in ihrem Innern und sitzt auf einer Mandel
Eier. Die treue Mutter theilt von ihrer Blutwärme
den Eiern mit, die Schale wird erwärmt und hindurch dringt die alles bewegende Kraft bis in das
Innerste, auf dass die Molecule sich bewegen und der
Keim des Lebens erwache. Eine zarte Linie kennzeichnet in der Masse des Lebestoffs den Rückgrat
d. h. eine Anzahl gleichartiger Molecule bewegen
sich zuerst einander zu, sich aneinander zu fügen,
und auf beiden Seiten des Rückgrats entstehen gleich-
mässige Gefüge, die Harmonie der beiden Hälften
herzustellen. Die Molecularbewegung ist dort im Ei
gleichmässig, in allen harmonisch; es fügt sich das
Gleichartige, die beiden Hälften auszubauen. Das Herz

10*

beginnt zu schlagen und eine neue Creatur beginnt zu
sein, bis die geordnete und wohlgefügte Moleculmasse
als ein ganzes, selbstständiges Wesen den Schalen-
Zwang zersprengt und die sorgende Mutterhenne mit
der Schaar der Küchlein auszieht, das Auge der
Bewohner zu erfreuen.

Die Wärme der Mutter ruft die Kleinen wach,
Molecularbewegung ist das geheimnissvolle Wesen
ihres Werdens.

Was von dem Theil und Einzelwesen gilt, gilt
auch von dem Gesammtwesen, was von den Kindern
der Erde gilt, gilt auch von der Mutter, der Erde
selbst.

Im vorigen Jahrhundert behauptete der grosse
Königsberger Philosoph Kant: man könne sich das
Sonnensystem nicht anders entstanden denken, als
dass vom Mittelring der Sonne sich Dampfringe ab-
sonderten, die in der gewaltigen Schwingung zu
Feuerkugeln geformt, sich allmälig abkühlten. So
seien die Planeten entstanden. Der Saturn zeigt noch
heut den Vorgang einer aequatorialen Ringbildung.
Es sind das die Gedanken, die Laplace systematisch
in seinem Mécanique céleste entwickelte.

Kant war kein Naturforscher, er war nur Philosoph, und doch welche grosse Bestätigung erfuhr
der Gedanke des nordischen Philosophen durch die

neuesten Entdeckungen der vereinten Chemie und Physik.

Die Schleier des Räthsels umhüllen nicht nur die Finsterniss, sie umhüllen noch mehr das Licht. Der Sonnenstrahl, das Wunderbarste in seiner Kraft, schaffend und zerstörend zugleich, bleichend und wieder mit den stärksten Tinten färbend, jenes allen Augen sichtbare Licht, es war das räthselhafteste was es gab. Erst in der neuesten Zeit gelang es den vereinten Arbeiten des Chemikers Bunsen und des Physikers Kirchhoff den Sonnenstrahl zu analysiren und chemisch zu zerlegen. Der eingefangene und durch das Prisma in seine Grundfarben zerlegte Sonnenstrahl bewies, dass die Sonne dieselben Bestandtheile in sich hege wie unsere Erde; nur einige der Elemente sind noch nicht nachgewiesen.

Dieser grosse Fortschritt der Wissenschaft war freilich durch Frauenhofer's Linien schon angedeutet, vollendet ward er erst in unserer Zeit.

Jede Fügung alles Lebens entsteht durch Bewegung, alle Bewegung durch die Wärme, alle Wärme durch die Sonne. Eine Tochter der Sonne ist unsere Allmutter, die Erde. Der von der Sonne losgelösste Dampfring ward zur flüssigen Feuerkugel verdichtet, und diese Feuerkugel fing an zu erstarren und eine Kruste ringsum zu bilden, auf die die Wasser aus dem die Erde umgebenden Dunstkreis dann niederrannen, bis dass sich immer mehr ein fester Ring um jenen Feuerball bildete.

Was wäre die Erde ohne diesen Feuerkern der noch heute durch seine natürlichen Ventile, die feuerspeienden Berge, sein Dasein kund giebt, und wenn er übermässig zu wogen beginnt durch Ausströmung der Glühmasse „Lava" das Gleichgewicht in seinem Innern wieder herstellt.

Möglich, dass einmal die Sonne ausglüht und die Erde auskühlt und der letzte Mensch als verkümmerter Eskimo auf dem Aequator selbst vor Kälte wimmernd verscheidet.

Möglich auch, dass es gelingt zu berechnen, wie lange es währte, bis die sengende Glut sich diesen Erdring umlegte, sich dadurch dem Leben anzutrauen. —

Wie lange mag vor dem Anfang aller Dinge die leichte Kruste vom Feuer hier gehoben und dort gesenkt gewesen sein. Der eingepresste Riese hob hier die Decke in die Höhe, dass sie dort sich senkte, er stürmte weiter, dass die Kruste barst und vertical hochgetrieben wurden die bis dahin horizontalen Lagen und gewaltige Massen sogenannten Eruptivgesteins wurden ausgeworfen. Bis hierher hatte der Vulkanist mit seinem „aus Feuer ward die Erde erschaffen" Recht. Aber der Feuerriese fand einen Gegner der ihm ebenürtig war. Die bisher als Dampfring die

Erde umgebenden Dunsthüllen, mussten als die Kruste sich um vieles abgekühlt, als ewige Wasser niederströmen. Diese änderten die Grundlagen, indem sie alle jene ausgeworfenen und ablösbare Stoffe in einen Urbrei verwandelten, aus dem sich die Sedimente, als Lagen des Erdballs niederschlugen und die damaligen Thiere incrüstirten. So behält auch der Neptunist mit seinem „die Erde ist ein Wasserniederschlag" sein Recht.

Oefter wiederholt ward jener Kampf; von Neuem brach der Riese aus, neues Eruptivgestein und neues Fluthen der Urwässer!

„Die Erdrinde, sagt H. Bronn, ist ein grosses Buch, ihre Schichten sind die Blätter desselben, die Versteinerungen die Buchstaben des Alphabets, womit es geschrieben und der Inhalt ist die Geschichte der Schöpfung, von der uns kein lebender Augenzeuge Nachricht geben kann."

Die Geologie zeichnet die Lagen mit ihren Versteinerungen, sie kennt uralte Erdlagen ohne nachgewiesene Lebensreste, die azoische; sie kennt eine alte, eine mittlere und junge Schicht mit den verschiedenen Spuren des Lebens, das von der niederen zur höheren Stufe sich entwickelte. Nirgends auf der Erde haben bisher alle Stufen sich übereinander gefunden, das Gewoge der Urwässer war zu stark, hier zerstörend dort aufbauend. Ein ewiger Kampf zwischen Feuer und Wasser, liess alles werden durch Stoff und Bewegung; und dort an der Grenze, an der Kruste, an der Decke zwischen Feuer und Wasser waren einst die Anfänge des Lebens, das heisst Molecularbewegung im Stoff. Wenn irgendwo, muss man dort an der Grenze, wo beide, Feuer und Wasser, sich einander vermählten, den Anfang des Werdens setzen. Alles was ist, ist gefügt aus den Urtheilchen der Elemente, alles was ist es ist geworden durch Wärme, d. h. die in den Urtheilchen hervorgerufene Bewegung.

Die vom Feuer ausgeworfenen Urstoffe lagen dorten zu Hauf von den Urwässern hin und hergewogt, dort an der warmen Kruste wurden sie zermürbelt, umgetrieben; sie konnten haften an dem warmen Erdring; so war es möglich dass etwas werde, dass der Stoff durch Wärme sich neu forme.

Das Leben liegt zwischen der Gluthhitze und Eiskälte. In der Urgluth kein Leben; eine Abkühlung zur Wärme konnte erst den Wesen Leben geben, deren Leben Wärme, deren Tod aber Kälte ist.

Noch heute ruht der fragende Blick des Forschers auf dem Tiefschleim im tiefsten Schooss des Meers, wo er angrenzt an die uralten Lagen des Erdballs. Sollte etwa dort die Urheimath des Werdens sein? Vielleicht wenn dort die genügende Wärme ist. Wir sehen, dass wir nichts wissen können, das will uns schier das Herz verbrennen. Wir können aber nichts wissen, weil zu viele räthselhafte Mittelglieder zwischen Stoff und Leben liegen.

Staunend stehen wir vor der Tafel der Erdlagen. Ein Theil die Urlagen ohne Lebenszeichen, dann niedriges Leben in den Versteinerungen und so hinauf. Doch das müssen wir festhalten:

a) nichts kann entstehen als aus den Elementen in und an der Erde,

b) nichts kann entstehen als durch Wärme,

c) nichts Lebendes kann sich entwickeln als aus Zellen, d. h. aus dem viele (alle) Molecülreihen enthaltenden Schleimkügelchen.

Wir haben die Analogie, dass durch eine Wärmemenge, welche auf eine Zellenmenge durch die lange Brut der Mutter ausgeübt wird, die Zellenmenge zum Leben erwacht, d. h. der noch unentwickelte Organismus schreitet zu einem wohlentwickelten Leben fort. Nun treibt uns jener Grundsatz, dass einmal ein Uranfang des Rundlaufs muss stattgefunden haben. Einmal müssen von der Natur jene Apparate des Werdens, d. h. die Arten der Pflanzen und Thiere aus dem Urstoff gefügt sein, auf dass die Welt erhalten bleibe.

Diese Apparate schaffen und verarbeiten durch Wärme Elementarstoffe. Es liegt nah, dass auch sie

aus den Elementen, durch höhere Wärme, ins Dasein
gerufen sein müssen.

Damals als die Erdrinde noch mehr durchglüht
war, als ihre Theile noch leichter sich fügten und
die Fluthen der Urwässer den Oberrand durchzogen,
bildeten sich Zellen zu Hauf überall und wo nur
immer eine Stätte war, im Wasser, im Sumpf, in
dem Schlamm der Erde. Dort konnte alles sich
fügen, die Zellen waren da und die Gluth setzte die
Zellen in Bewegung.

Wärme ist Molecularbewegung, Wärme ist auch
Zellenbewegung. Im Grossen und Ganzen war es
nur eine Form zu der hin sich die Zellenbewegung
entwickelte, jene eine Form, die bilaterale Symmetrie
herrscht im Bau des Thier- und Pflanzenreichs.
Aber den unendlich verschiedenen Umständen und
Mischungen der dreiundsechzig entsprechend, werden
die einander bedingenden, verschiedenen Formen, zugleich entsprungen sein.

So weit das Aug' des Forschers in die Tiefen
reicht, die alte Urwelt schon hatte verschiedenartige
Gestaltungen, auch in der Urzeit war das Leben schon
ein sich gegenseitig bedingendes: Ein Fressen und
ein Gefressenwerden herrscht seitdem die Welt besteht. Es scheint somit, dass jene alte Theorie des
Urschleims, wie sie bedeutende Forscher (Oken),
obwohl mehr phantastisch, schon entwickelten, durch

die neueren Auffassungen der Zelle eher gewonnen als verloren hat.

Wir wissen die Erde besteht aus den Atomen der 63 Elemente. Aus der Verbindung der Elementatome werden Molecule, aus den Moleculen bilden sich die Zellen. Die Zellen sind der Bildungsstoff für alle Organismen.

Die Zellen als gereihte Moleculmassen enthalten jedenfalls jene vier Hauptelemente, Kohlenstoff und Consorten, sie enthalten sicher schon im Keim die in den Körpern später entwickelten Stoffe, sie enthalten vielleicht alle Elementarstoffe. Sie enthalten aber dieselben in verschiedenen Mengen, Verbindungen und Verhältnissen zu einander und sind danach weniger oder mehr von einander verschieden. Ebenso wie heut von den bestehenden Formen der Lebewesen, verschiedene Zellen hervorgebracht werden, wurden einst diese Arten als Apparate der Natur um die Formen des Lebestoffs zu erzeugen, aus verschiedenen in jenem Urschleim enthaltenen Zellenmengen durch eine höhere Temperatur gefügt, und je nachdem das Wasser, der Sumpf oder die Erde ihre Heimath war, ward ihre Form derselben zweckentsprechend, ein harmonisches Ganze. Denn alles was als Gewordenes verschieden ist war auch im Urkern schon verschieden. Doch die Verschiedenheit liegt nicht so sehr im Stoff als in der Mischung.

Die möglichen Beziehungen gehen ins Ungemeine, wie ja im Pflanzenreich der Chemiker mehr Combination des Kohlenstoffs geschaffen als die Natur hervorrief. Nimmer möchte die Menge der möglichen Arten im Thierreich construirt werden.

Es ist merkwürdig, dass die Vorstellungen der alten Völker sich ziemlich in demselben Gang bewegen. Die griechische Philosophie war zunächst reflectirende Naturbetrachtung, sie beginnt mit Thales der im Wasser, d. i. im Feuchten, das Princip aller Dinge fand. Schon sein Nachfolger, Anaximander aus Milet lehrt: aus dem Feuchten sind unter Einfluss der Wärme in stufenweiser Entwicklung die lebenden Wesen hervorgegangen. Aristoteles der ein Ringen von vier Jahrhunderten abschloss, kann natürlich nur aus dem Gemisch der vier Elemente, von denen das Feuer warm und trocken, die Luft warm und feucht, das Wasser kalt und feucht, die Erde kalt und trocken ist, die Entstehung aller Wesen herleiten. Die Pflanzen sind weniger vollkommen als die Thiere und unter diesen die Bluthabenden vollkommener als die Blutlosen. Diese letzteren entstehen aus Urzeugung, aus Schlamm oder thierischen Aussonderungen.

Aber auch die Schöpfungslehre der Hebräer, der einfachen Hirten ist nicht so unsystematisch als es auf den ersten Blick scheint. Zwei sich genau deckende Dreiecke bilden die todte und die lebende Schöpfung. Das erste Schaffen ruft das ungeordnete Chaos, in welchem Himmel und Erde schon enthalten ist, hervor; zu sondern und zu ordnen ist das Werk der Schöpfungstage. Gott gebeut und die Dinge treten in die Erscheinung.

Es ist das Licht (und Wärme) die Gebärerin des Alls das zuerst entsteht: Es werde Licht und es ward Licht. Dasselbe tritt gleichsam am Morgen der Schöpfung nur als Frühroth hervor. (I. Tag.)

Das Himmelsgewölbe von seinen Fluten überströmt breitet sich dann aus über die Erde. (II. Tag.)

Gott gebeut und die Gewässer senken sich in die Tiefe, die Erde mit Berg und Thal steigt aus den Fluten hervor. (III. Tag.)

So schildert das erste Dreieck die Schöpfung in ihrer Ruhe. Das Frühroth erstand, Himmel und Erde mit ihrer mannigfaltigen Dingen sind geschieden. Der Schauplatz ist bereitet, dass das Leben erstehe. Es folgt die Schöpfung der Bewegung, des Lebens. Zunächst im Himmel in den sich bewegenden Gestirnen (IV. Tag). Dann werden am fünften Tage die Gewässer und Lüfte mit Fisch und Vogel, am sechsten aber das Land mit Thier und Mensch bevölkert. Es soll wimmeln das Wasser vom Gewimmel lebender Thiere. Es bringe die Erde hervor lebende Wesen nach ihrer Art.

Dieser Schematismus hat die Naivität hervorgerufen, dass die ersten drei Tage ohne Sonne entstehn. — Ohne Licht, ohne Wärme aber konnte auch nicht die todte Welt werden, Licht musste sein, wenn auch nur ein Frühroth am Anfang aller Ordnung. Die Zwillingsschwester des Lichts, das Licht in seiner Wirkung, die Wärme, heute als die Molecularbewegung in allen Wesen betrachtet, war sie etwa jenen Hirten fremd?

Das Chaos ist hervorgerufen, da heisst es noch vor aller Ordnung im Entstehen „und der Geist Gottes lag brütend über dem Wasser". Einer Bruthenne gleich wirkt die Schöpfungskraft Gottes in der Bibel.

Man kann es den einfachen Hirten, den alten Hebräern nicht zumuthen, dass sie einen klaren Begriff von der heutigen Wärmetheorie hatten, aber das kann man von ihnen erwarten, dass sie einen brütenden Vogel gesehen, und das durch die Brut entspringende Leben des Thiers als ein Sinnbild für das Entstehen des Alls nahmen.

Man kann von ihnen nicht erwarten, dass sie die Theorie der Erdentwicklung durch Feuer und Wasser kannten, aber das kann man ihnen zumuthen, dass sie die Höhe der Berge und die Tiefe des Meers von einander schieden und beide als Heimath von lebenden Wesen erkannten. „Es sammle sich das

Wasser unter dem Himmel an einen Ort." Aber
auch nach dem es abgeronnen, ist die Kraft der
Bruthenne nicht erschöpft. Die Thiere des Meers
sind früher, aber ihnen folgen die Thiere des Landes
am folgenden Tage. Warum nicht. Liessen die
zurücktretenden Urwässer nicht des Lebestoffs der
Zellen zur Genüge zurück und war nicht die Bruthenne der Schöpfung „die Wärme" noch in voller
Kraft. —

Eine Ahnung von der Schöpfkraft der Wärme
liegt auch in der Anschauung der arabischen Philosophen, dass am Aequator einst die Stoffe zur
Schöpfung wohl bereitet waren.

Form. — Endzweck.

Die Palme, um welche die Weisen Griechenlands
stritten, heisst die Form. Weltbewegend war der
Gedanke Plato's, dass die Form als etwas an sich
Ewiges, Unvergängliches niederstieg in die stumpfe
Welt des Stoffs, diese zu ordnen, zu verklären. Es
gebe eine Welt reiner, von Stoff freier Urformen,
die sich dem Stoffe einbildeten und ihn erst dadurch
zu etwas machten. Das Abbild, d. i. diese Körper-
welt, sei dem Urbild zwar ähnlich, nimmer aber
gleich, das Urbild sei klar, das Abbild trüb, die
Stoffwelt vergänglich, die Formen — d. i. Ideenwelt,

unvergänglich. Die Form sei das eigentlich Seiende, der Stoff das Hinschwindende.

Unser Wissen ist nichts als eine Erinnerung der Seele von ihrem vorweltlichen Sein beim Urvater. Wie ein Wagenlenker mit einem edlen und einem trägen Ross zog sie einst aus, dem Vater des Alls in das Reich der wahren Formen zu folgen. Sie trieb die Rosse, das träge mit dem Stachel kränkend, so dass das edle Thier die Kraft gewann, die Spur zu halten und die ideale Welt zu durchmessen. Was sie einst dort geschaut, sei ihr unverwischbar, und all ihr Ringen nach Erkenntniss sei nur die Wiedergewinnung jener Urerkenntniss. So war die geistige Welt mit der irdischen verbunden, das Göttliche, die Form, dem Stoff vereint. Der Mensch aber das Abbild dieser Vereinigung. Diese Grundgedanken des Neoplatonismus übten später weltbewegende Kraft, indem sie die wissenschaftliche Gliederung hergaben, den Gedanken des Christenthums von der Verbindung zwischen Vater, Sohn und Mensch, und von der Brudergemeinschaft der Menschen unter einander wissenschaftlich zu gestalten.

Gott das Urlicht, Christus der Abglanz und in jeder Seele ein Strahl dieses Abglanzes. Nur eine Sonne im Reich des Geistes, alles belebend und alles durchdringend.

Auf diesem Gedanken begründet der grosse

Origenes den ersten wissenschaftlichen Aufbau des Christenthums. Wie eigenthümlich! wir können auch die sinnliche Welt jetzt nicht anders auffassen, als das Gebild und Gefüge, als die Ausstrahlung der einen irdischen Sonne.

Doch wir verlassen die höheren Schichten dieses Gedankens und steigen in die niederen hinab. Wir haben einen Stuhl, Tisch, ein Spind und dergleichen mehr, alle sind von Holz. Der Stoff ist der gleiche, doch sie sind sehr verschieden; weshalb? Ihre Form ist eine andere. Wir haben eine Metallplatte, sie ist nicht viel werth, aber es wird ihr eingezeichnet die Form des Alls, das Bild der Welt mit den Gestirnen u. s. f. es wird zum Astrolab um — so wähnte man wenigstens im Mittelalter — die Geheimnisse der Zukunft zu ergründen; die eingeprägte Form ist's, die der Platte Werth verleiht. Ein grosses Bild steht vor uns, der Stoff ist Leinewand und Farbe, es kann zur blossen Sudelei oder zur Darstellung erhabener Schönheit dienen. Denn die dargestellten Formen müssen im Geist des Künstlers leben, ehe er sie dem Stoff an- oder einbildet; sie sind das Geistige, das Wesentliche; der Stoff aber das Unwesentliche und Wandelbare.

Doch wie entstand, fragen wir im Geist des Künstlers jene Form des Stuhls? Wir antworten: es war ein Zweck, den er verfolgte, der Zweck des

11

Sitzens. Erst wenn wir den Zweck des Stuhls kennen, kommen wir dazu seine Form zu würdigen.

Der Künstler scheint bei seinem idealen Streben nach dem Schönen, d. i. der vollen Harmonie der Form, über diese Grenze hinaus zu gehn; aber auch er kann sich nur den von der Natur gegebenen Formen anschliessen, aus ihnen und an ihnen bilden. Um das Pferd in seiner vollen Schönheit, d. h. in der vollen Harmonie, das rasche und starke Thier darzustellen, wird er von dem einen Pferd einen Theil, von dem anderen einen anderen Theil zum Modell sich wählen um eine volle harmonische Gestaltung dieses der raschen Bewegung dienenden Thiers zu gewinnen. Auch ihm ist das vorhandene Pferd nur Stoff, um in demselben etwa den Gedanken des gewaltigen Renners vor dem Streitwagen des Achill auszuprägen.

Es ist nicht zu verwundern, dass das griechische Volk, welches die harmonische Ausbildung aller Zweige der Bildung in der Erfassung von allem Schönen und Guten begründete, zum Vorbild ward. Bei der grössten Erregung seines Geistes bewahrte es immer die classische Ruhe um seine poetischen, dramatischen, philosophischen und künstlerischen Empfindungen sich erst objectiv gegenüberzustellen, und dadurch die schönste Form für dieselben zu gewinnen. Nur in diesem Volke konnte der grosse Denker Plato erstehen, der die Form gleichsam vergöttlichte.

Es ist aber auch ebenso natürlich, dass grade in diesem Punkte der grösste Schüler des grössten Lehrers, dass Aristoteles mit Plato auseinander ging. Denn nur an den Dingen erkennen wir die Form, die Form ist der nächste Endzweck der Dinge; beide sind unzertrennlich, beide nur in der Verbindung mit einander denkbar. Das Eine, die Form, ist die Vollendung des Anderen, des Stoffs. Plato construirte von der Form herab zum Stoff, Aristoteles vom Stoff herauf zur Form.

Die heutige Naturwissenschaft kann nur der Aristotelischen Weise folgen. Der Stoff (d. h. die Elemente) haben die Fähigkeit sich zu einer Form zu entwickeln und zwar durch die Wärme. Sie entwickeln sich zu dieser Form als ihrem nächsten Endziel, um einem höheren Endziel, der Harmonie im All, oder einfacher ausgedrückt, dem Haushalt der Natur, zu dienen. Mit einer eisernen Energie verfolgt die Natur dies Ziel. Schon dem Reich des Gesteins zeichnet sie mit Allgewalt diese Marke tief ein. —

Wir haben pulverisirtes Steinsalz und schütten auf diesen Staub Wasser; wir lassen das Wasser verdunsten und das Steinsalz krystallisirt sich in

11*

Würfeln, es kann nicht anders, dieser Stoff ist der Form des Würfels angetraut.

Oder wir haben Allaun, wir nehmen ihm seine Form und zerstossen ihn zu kleinen Stäubchen; wir geben ihm die Möglichkeit einer Neubildung durch Auflösung in Wasser, er christallisirt bei der Verdunstung im Achteck. Die Natur herrscht hier absolut. —

Die Chrystallographie ist die Lehre von der Form im Stein. Sie stellt sieben Krystallsysteme auf, ob tesseral, ob tetragonal, ob hexagonal oder rhombisch, ob monoklin, diklin oder triklin ein Stoff chrystallisire; sie kennt der Elemente Neigung und kennt die zwingende Gewalt der Form. In diesen Bahnen muss der Stoff sich bewegen, zu diesem Ziele hin sich strecken!

Aristoteles kannte nur die Ahnung im Gestein des Magnet, wir kennen die Weite und die Sicherheit der ewigen Gesetze. Da haben wir den Demant, das Ziel der wärmsten Wünsche, für die halbe Welt; er funkelt wie ein Stern in der Nacht des schwarzen Haars und doch, der gepriesene Demant ist nichts als Kohlenstoff. Der Chemiker kann ihn im Knallgasgebläse verbrennen — sic transit gloria mundi. Der Chrystallograph sagt kalt: der Demant krystallisirt nach dem ersten System. Er gehört zu einer Gruppe von Gestein, die durch ihre Form, als ihr Wesen, von den sechs anderen Gruppen absolut geschieden ist.

Da ist die Pflanze — eine Seele hat sie sagt Aristoteles — d. h. sie trägt das Princip der Selbstentwicklung, das Wesen einer Form in sich und ist gesetzt zur Vermittlung zwischen der todten Erde und dem raschen Thier. Ein Kohlenstoffapparat ist sie, sagt die heutige Wissenschaft und dieser Apparat arbeitet genau. Die Pflanze nimmt aus der Luft nur grade soviel Kohlensäure als sie bei der vorhandenen Wärme verarbeiten kann, drum wächst sie nur im Sommer; sie sammelt aus derselben den Kohlenstoff um das Thier damit zu nähren, und haucht den Sauerstoff aus, die Athmung der Creatur zu erleichtern.

Dies zu thun hat sie den herrlichen Rundbau mit Tausenden von Blättern oder Nadeln als Luftsaugern, hat sie ihre Wurzeln als Erdsauger. Die ganze Form ist dazu gebildet aus der Erde und der Luft ihre Kraft zu nehmen. Nur diese Form genügt dem Zweck.

Das Thier ist Herr seiner Bewegungen, es nimmt vom Kohlenstoff der Pflanze ein reichlich Maass zu sich, sein Blut wurde davon übersättigt, drum athmet es den Sauerstoff als Zündung ein, den Ueberfluss zu verbrennen und das Plus des Kohlenstoffs auszuscheiden. Lebt nicht der eine von dem andern? Wir bewegen uns und athmen rascher, d. i.

wir verbrennen mehr des genossenen Kohlenstoffs und haben deshalb nach der Promenade mehr Appetit.

Alle Creatur hat im Grunde nur eine Form. Zwei Hälften sind zu eins gefügt, zur Harmonie verbunden. Nur diese Form ist der freien Bewegung am besten fähig, diese eine Form bewährt sich im Springen, Laufen, im Fliegen und Schwimmen — nur den Umständen nach wird diese eine Form modificirt, sie ist eine in unendlich vielen Gestaltungen. Im Werden des Küchleins erkennen wir ihren Ausbau. Handelt etwa die Natur planlos? Es ist wahr im Reich der Elemente scheint sie sparsam, da sie so genau nach Atomen rechnet. Im Bereiche, wo die Zelle lebt und webt, scheint sie mit Ueberproduction zu arbeiten. Von Tausenden der Stäubchen erreicht nur eins sein Ziel, von Hunderten gebildeten Pollen führt eins zur Frucht, aber sicher ist die Natur in der Erreichung ihres Ziels, sicher bleibt das All des Lebens im Gleichmaass stets erhalten.

Stehen wir auf einer Ebene, scheint ringsumher der Himmel seine Zeltschleier herabzusenken und ist unser Blick abgeschlossen; wir steigen höher, unser Auge wird bewaffnet, wir überschauen einen zweiten Kreis, der uns als eine vollkommnere, harmonischere Rundschau erscheint, aber das Ende sehen wir nicht.

Der erste Kreis ist der erste Endzweck, d. h. der Stoff gewinnt die dem Zweck dienende Form.

Der zweite Endzweck: die Formen stehen in Beziehung zu einander, sie bilden ein wohlgegliedertes harmonisches Ganze. Die Natur ist als dies harmonische Ganze nur ein Hinweis auf die Weisheit des Schöpfers, so klang die Ueberschrift für das gewaltige Ringen menschlicher Erkenntniss, so klingt es hindurch mit klaren Tönen aus dem ersten Stück der alten Bibel. Wenn nun der erste Umkreis einer Wissenschaft schon rings von Räthseln umgeben ist, so ist es schwer den zweiten Horizont zu erfassen, man bleibt im ersten stecken und verneint so leicht den zweiten.

Die erste Umschau wird von den uns ringsumgebenden Erscheinungen der Natur gebildet und wie sind sie trotz der mehrtausendjährigen Forschung voller Räthsel. — Wir erkennen oder glauben wenigstens die Dinge zu erkennen und doch ihre Erkenntniss ist nichts, wenn wir sie nicht mit dem zweiten Umkreis „dem geordneten Haushalt" der Natur und diesen zweiten Umkreis mit dem gewaltigen Allhorizont „der Harmonie im All" in Beziehung setzen. .

Diese ganze Wunderkette liegt im Begriff „Form" d. i. die weise, zweckmässige Gestaltung des Stoffs. Wir können uns nach den Begriffen des Aristoteles den Stoff mit einer in ihm ruhenden, d. h. gebundenen Kraft denken; wir können uns denken, dass diese Kraft, sagen wir nach heutigen Begriffen durch die Wärme, zur Entfaltung kommt, aber warum sie gerade so und nur so zur Entfaltung kommt, dass sie diese und nur diese Form, die durch ihren Organismus zur Selbstentwicklung und Fortpflanzung befähigt ist, bildet, das wissen wir nicht — wir überlassen es einer höheren Weisheit. Wir können es uns denken, dass eine Menge Zellen von kleinen Schleimpilzen sich durch Vermittlung der Wärme durch Theilung mehren und wie ein Schwamm aufschwellen; denn aus einem organischen Stoff, z. B. der Eichenrinde, kommen neue Kräfte ihm zu; dass aber die Zellen sich so formen, dass sie ein organisches Ganze, ein wohlgefügtes Zellensystem, wohlgeeignet zur Erhaltung, zum Wachsthum, zur Besamung bilden, mit einem Wort, dass das unvollkommene ungestüme Werden zu einem vollkommneren, sich selbst erhaltenden Sein werde, und dies Sein wiederum die Quelle eines neuen Werdens in sich hege, das kann man nicht verstehn, es sei denn, man gewöhne sich an den Gedanken: diese Form sei vorher schon in ihrem Wesen als ein nützlicher Ring in der Kette alles Seins erkannt. Ein Weltplan muss existirt haben, ehe die Welt ward. Im Geiste des Schöpfers waren die Formen vorhanden, ehe die Dinge in ihren Arten wurden. Denn sie sind als Mittelglieder im Werden zugleich Sinnbilder des ewigen vollendeten Seins.

Die Ursache steht höher als das Verursachte,

das Verursachte aber muss durch sein Wesen auf seine Ursache hindeuten und diese Ursache wiederum auf den Urgrund. (Stoff — Natur — Gott.) Die werdenden Dinge treten durch die Art in den zweiten Kreis ein, in das Bestehen und das Bestehen der Art ist eine Hindeutung auf das ewige Sein des Schöpfers. Nur so ist eine Allharmonie von der Vollendung im Ursein bis zum ewig wandelnden Theilchen des Theils, bis zum Atom, zu construiren.

Die Araber des Mittelalters waren nicht so einseitig, wie die die christliche Bildung beherrschenden Theologen. Sie studirten soweit sie konnten den Aristoteles, aber die das All construirenden Gedanken entnahmen sie dem Neoplatonismus. Auch sie construiren am Begriff des Seins die Welt. Gott in der Ueberfülle seiend, lässt auf die Vernunft, die Vollkommenseiende, die Fülle aller Formen ausströmen. Von dieser Vollkommenen erhält die vollendetseiende Weltseele alle jene Formen, die sie als die echte Künstlerin von dem ewig Seienden her erfasst und der stets werdenden Natur einprägt.

Wie einst in der späteren jüdischen Theologie die Engel, als Boten der Kraft des Allmächtigen mit den Naturkräften identificirt wurden, so stehn auch der Weltseele die begehrliche Pflanzenseele, die zornige Thierseele und die vernünftige Menschenseele, d. h. die in diesem Reiche wirkenden und als

Eins gedachten Kräfte, zu Gebote. Wir lernten oben die Pflanzenseele in ihrer Arbeit mit ihren sieben Kräften kennen.

Die Thierseele hat dazu noch die Gebär- und die Menschenseele, dazu noch die Denkkraft. —

Was ist aber die Hauptthat der Seele in der Creatur?

Im ersten Monat weilt der Embryo im Mutterschoss unter der Herrschaft des Saturn, der hat als das oberste der Gestirne die Kraft, die Form an den Stoff zu binden; d. h. die Sterne, doch nicht wir lösen das Räthsel.

Ueberall das Räthsel! wie kommt der Stoff zu der harmonischen Form, die ihn in die unendliche Kette der einander bedingenden und in Harmonie sich entwickelnden Wesen einfügt?

Der Renner unserer Vorstellung wird immer wieder an die Kluft getrieben, jenseits das Reich des Unsterblichen Seienden, diesseits das Reich des Sterblichen Werdenden; Form und Stoff können nur verbunden sein durch eine Himmelsbrücke, die in den buntesten Farben schillernd, vor unseren Augen aus dem Nebel hervortritt: es giebt einen Endzweck entsprungen der ewigen Weisheit des Schöpfers. Aus dem Gewoge des sich wandelnden Stoffs erstehen die bleibenden Formen, d i. die Arten als erster Endzweck, aus den bleibenden Arten die Harmonie im Haushalt der Natur, — als zweiter Endzweck — und diese

Harmonie, die in der sinnlichen Welt durch Kampf und Blut, durch Mord und Vernichtung — erhalten wird, ist ein Sinnbild der reinen Harmonie in der geistigen Welt. Denn trotz aller Gegensätze der in ihr sich bewegenden Arten bleibt das Gleichgewicht des Lebestoffs erhalten.

Die Form, d. i. die Art dient als erster Endzweck der Materie zur Stufenleiter für die Denker, um an den Staffeln von Stoff und Form die Dinge zu construiren. — Zwar ist's mit der Gedankenfabrik wie mit einem Webermeisterstück! —

Wir haben ein Hemd, das unseren Leib bedeckt, steigen wir nach alter Anschauung vom Hemd bis zum Ursprung der Dinge hinauf.

Hemd ist eine Form, der Twist sein Stoff; Twist ist eine Form, das Garn sein Stoff; Garn ist eine Form, die Baumwolle ihr Stoff; Baumwolle ist eine Form und die Pflanze ihr Stoff; die Pflanze ist eine Form und die Elemente sind ihr Stoff; die Elemente sind Form aber die Allwelt, d. h. die Erde mit dem Planetenhimmel ihr Stoff; die Allwelt ist Form, aber die Ursubstanz ihr Stoff. — So wären wir vom Hemd bis zum Urgrund aller Dinge gekommen. — Das preisen die Schüler aller Orten und sind doch keine Weber geworden. —

Versuchen auch wir einen Anstieg auf der Leiter des All.

1. Von der um sich kreisenden Sonne löst sich in der Ururzeit ein Nebelring. Sonne, Stoff; Nebelring, Form.

2. Die gasförmigen Nebelmassen verdichten sich zu der glühenden Kugel. Die gasförmige Nebelmasse, Stoff; die flüssige Glutkugel, Form.

3. Die sich abkühlende Glutkugel bildet aus ihren erstarrenden Theilchen eine Kruste auf die dann die Nebel als die ewigen Urwässer, niederströmen. Die Glutkugel, Stoff; die Erdrinde, Form.

4. Die eingepresste Flamme will das Joch nicht tragen und revoltirt. Sie hebt hier und sie senkt dort die dünne Rinde, die endlich barst, hoch hinauf die früher horizontalen Lagen trieb und aus ihrem Innern der Stoffe viele auswarf. Die Eruptionen werden in ihrer Wirkung durch die Wasserniederschläge paralisirt, die über jene Brüche und Auswürfe niederrannen und alles dies zu einem Urbrei verwandelten, aus dem sich immer neue Erdlagen als Sedimente niederschlugen.

Die Urkruste, Stoff; die Erde mit ihren Lagen, Form..

5. Die Wärme, welche der Erde noch innewohnte, lässt aus den Stoffen der Erde und der niederrinnenden Urwässer, dort an der Kruste, der Wahlstatt zwischen Feuer und Wasser, unendliche Mengen von Moleculen (Theilchen) der Elemente

sich zum Urschleim fügen. Die Erdlagen, Stoff; Urschleim, Form.

6. Bei der fortwährenden Wärme der Erde bildet sich dieser Urschleim zu Bauzellen, als dem ersten Anfang des Lebens. Urschleim, Stoff; Bauzelle, Form.

7. Das Mittelglied der Kette ist die Zelle! die Hieroglyphe in den Schriften der Natur, noch nicht in ihren Bestandtheilen klar erkannt. Eine Eiweissbildung etwa die in sich jedenfalls jene vier organischen Hauptbestandtheile, Kohlenstoff und Konsorten doch noch viele andere enthält.

Nach dem Grundsatz, dass nichts werden kann, es sei denn schon im Stoffe der Anlage nach vorhanden, enthält die Zelle alle wahren Elemente. Der kleinste Theil des Einzellebens hegt alle Keime des All-Lebens in sich. Nur so ist ihre Entwicklung denkbar.

Noch war die Schöpfungskraft von der Bruthenne des Alls, d. h. die Wärme nicht erloschen, die Zellen mehrten sich durch Theilung. In ungeheurer Gährung werden Unmassen derselben erzeugt. Die blosse Conglomeration derselben, kann nur dürftige halbe Lebeformen, sogenannte Embryonale ergeben, doch die so gährenden Massen nahmen Formen an, die einen Organismus bildeten, d. h. die Fähigkeit hatten im wohlgeordneten Verhältnisse zu einander, Selbsterhaltung und Fortpflanzung zu gewinnen.

Aus der blossen Mechanik der Natur ist das nicht zu erklären. Die Formen der Pflanzen zunächst und des Gethiers sodann, verrathen einen Endzweck da sie unter einander sowohl, als gegenseitig sich bedingen. Pflanze und Thier, Weide- und Raubthier. Die Erschaffung von Mann und Weib zweier gleichartigen und doch wieder differirenden Individuen, kann nur aus der vorsorgenden Weisheit eines Urplans, indem die spätere Abkühlung der Erde, d. h. die Erlöschung der ersten Brutkraft, klar erkannt war, erklärt werden. Es entstehen die Arten von Pflanzen und Thiere aus verschiedenen Mischungen der Urstoffe, als neue Brutstätten des Werdens. Als solche haben sie Bestand. Die Ergebnisse von der Vorwelt und ihrem Gethier, können uns nicht beirren, was wir erkennen ist, dass auch in den früheren Zeiten der Erde die Schöpfung ein sich gegenseitig Bedingendes war. Die grossen Saurier sind des Mordes ihrer Mitgeschöpfe sehr verdächtig und vielfach überführt. Schon im Begriff der Natur, als einer Gesammtheit, liegt die gegenseitige Ergänzung ihrer Theile. Bauzelle, Stoff; Fruchtzelle, (ein Halborganismus) Form.

8. Die Gestaltungen der Thiere bis tief hinab, etwa bis zu den Strahlthieren, haben nur eine Form, die der bilateralen Symmetrie. Zwei Hälften werden durch die Edelorgane harmonisch zu Eins gebunden,

diese Form zeigt schon überall Mann und Weib, ebenso haben alle Blattpflanzen nur einen Typus, den harmonischen Rundbau.

Eine Grundform in Fisch, Amphibie, Landthier und Vogel, den Verhältnissen des Meeres, Sumpfes, Landes, der Luft angepasst und je nach der Mischung verschieden. In der Paarung liegt der Höhepunkt des thierischen und pflanzlichen Lebens; dem zu drängt ihre ganze Kraft und alle sich etwa über das thierische Leben erhebenden Züge, wie Selbstaufopferung, Mutterliebe haben in dem Ziele der Paarung, d. i. Erhaltung der Arten ihre Begründung. Fruchtzellen, Stoff; Organismen, Form. Die Individuen, Mann und Weib, Stoff; Arterhaltung, Form.

9. Die Paarung ist als der Endschluss des sinnlichen Lebens zugleich Sinnbild und Uebergang zum geistigen Sein. Bei dem Menschen ist die Ehe nicht nur eine sinnliche, sondern hauptsächlich geistige Ergänzung. Die wahre Liebe ist die Concentration alles höheren Strebens. Sowohl die leibliche als die geistige Entwicklung beider Geschlechter arbeitet in Denken, Fühlen und Wollen auf diese gegenseitige Ergänzung hin. Davon haben alle Culturvölker eine Ahnung. Klar ist dies schon im Anfang der Schrift, Eva wird als die Gehülfin Adams erschaffen. Bein von meinem Bein, Fleisch von meinem Fleisch — sie heisse Männin.

Die sittliche Culturentwickelung aller Religionen und Völker kann an ihrer Auffassung von der Ehe gemessen werden. Die christliche Auffassung der Ehe — ein Leib, ein Geist, zur Ehre Gottes ist die Erhabenste. Paarung, Stoff; Ehe, Form.

Alles Ringen der Cultur ist ein Streben nach gegenseitiger Ergänzung, sie hat in der im Menschen schlummernden Ahnung von der Harmonie im Welt-All seinen Ursprung haben. Denn die Sehnsucht nach Ergänzung setzt das Bewusstsein der Ganzheit, d. i. der in der geistigen und sinnlichen Welt herrschenden Ordnung voraus.

Dem geistigen Menschen ist das Weib wie ein Gebild aus Himmelshöhen, mit ihm der geistigen Vollendung zuzustreben. Dem Lüstling dagegen ist dasselbe nichts als eine irdene Schale der Unehre, um immer tiefer hinabzusinken in den Schlamm gemeiner Lust. Zwischen beiden aber ist der Standpunkt der Natur. Die Paarung zur Erhaltung der Gattung.

Hier liegt der Wendepunkt in der Freiheit des Menschen. Er kann sich hoch über das Thier erheben, er kann tief unter dasselbe herabsinken, er kann ihm in seinem Wesen ähnlich sein.

Tief eingepflanzt ist aber dem Menschen die Sehnsucht nach idealer Liebe — da fasst ein namenloses Sehnen des Jünglings Herz. — Ehe: Stoff. Geistesleben: Form.

10. Alle geistigen Bestrebungen des Menschen haben denselben Charakter und dasselbe Ziel, nämlich die Erfassung der Allharmonie durch gegenseitige Ergänzung. Die Macht der Freundschaft liegt in dem Bewusstsein der idealen Ergänzung des Einen durch den Andern.

In der politischen Begeisterung, d. h. in dem Streben nach einem erhabenen Gesammtziel, in der innigen Gemeinschaft eines Volkes liegt die Kraft und die Möglichkeit das Endziel gemeinsam zu erreichen. In der Wissenschaft ist das Streben nach Wahrheit in dem Einen durch den Andern ergänzt; in der Bildung liegt ein inniges, Alle zusammenhaltendes, geistiges Band. Geistesleben: Stoff. Bildung: Form.

11. So oft die Geschichte von der Entwickelung eines Volks sich über den gewöhnlichen Lauf erhebt, finden wir eine solche Erhebung dem gemeinsamen Allziel der Menschheit, d. i. der Freiheit zu. Bei der Erringung einer neuen Wahrheit erkennt die Menschheit immer von Neuem das gemeinsame Ziel der Wahrheit, um die Gesammtheit aller geistigen Bestrebungen, das eine Endziel, die Erkenntniss der Einheit in der Vielheit und der Vielheit in der Einheit, d. i. das Bewusstsein der Allharmonie zu erreichen. Bildung: Stoff. Allharmonie: Form.

12. Das Alterthum, welches die Uranlage der Menschheit entwickelte, kam zu einem befriedigenden

12

Abschluss. Zwei Völkertypen rangen der Lösung
jener Urfrage an die Menschheit, woher das All? und
wohin zum Endziel? nach. Die Einen, die Juden
als die Heroen der Semiten, lösten diese Frage in
ihrer mehr subjectiven Geistesrichtung durch das
Gefühl, durch die Religion, durch das Bewusstsein
der Verbindung des schwachen hinfälligen Ich mit
einem allmächtigen vollendeten Ich — Gott. — Sie
legten für alle Zeit die Grundlage des religiösen
Strebens. Die Andern, die Griechen, als die Krone
der Indogermanen, lösten jene Urfrage in ihrer ob-
jectiven Geistesrichtung durch das Denken, indem
sie von der Wahrnehmung der Dinge ausgingen und
von hier aus zum Princip alles Seins aufsteigen
wollten. Sie legten für alle Zeit die Grundlage des
wissenschaftlichen Strebens. Aus den Juden dagegen
ging nach einem mehrtausendjährigen Streben das
den religiösen Gedanken in aller Klarheit umfassende
Genie, Jesus von Nazareth, hervor.

Nie ist im ganzen Lauf der Zeit die Menschheit
an die Erfassung der Allharmonie in der geistigen
und sinnlichen Welt so herangeführt wie durch Jesus,
der von der religiös-sittlichen Seite unseres Selbstbewusstseins aus, die Wahrheit der Allharmonie in
dem Gedanken von Gott als dem himmlischen Vater
des All, zur Anschauung brachte.

Nie leuchtete die Flamme der Begeisterung

heller als in diesem Gedanken; nie war die Menschheit sich ihres sittlichen Berufs klarer als in dem
Bewusstseins: alle Menschen sind Brüder, das Band
der göttlichen Liebe umschlingt sie alle; alle gleich,
alle frei, alle nur einem Ziele zustrebend um die Liebe
Gottes an der Menschheit zu bewähren. Nie ward
die Thatkraft des geringen und verachteten Menschen
so zur Riesengrösse erhoben, als in der ersten Zeit
des Christenthums. Nie konnte diesen Gedanken
von der selbstlosen Liebe, den Grundton der
Lehre Christi das Gekreisch, welches die dogmati-
sirende Glaubenswuth in ihrer Selbst- und Hersch-
sucht die Jahrhunderte hindurch erhob, vernichten.
Wie lange und wie oft jene Stürme auch wütheten
und den Grundton überschallten, das Bewusstsein
bleibt, die wahre Religion der Liebe ist wie der
Strahl der ewigen Sonne; wo er einst leuchtete, muss
nach ewigen Gesetzen der wahre Mensch erwachsen.
Man erkennt im trüben Abbild des Dogmas stets das
reine Urbild. Man wird kämpfen gegen den menschlichen Wust, der das Urbild zu vernichten droht und
die Harmonie der Allwelt finden in dem schlichten
Wort: Liebe Gott von ganzem Herzen, Sinn und
Gemüth und deinen Nächsten wie dich selbst.

Nach dem Gottesbewusstsein der Juden ist Gott
allmächtig als Schöpfer und allheilig als Richter;
nach dem der Christen ist Gott allliebend als Vater

des All; nach dem der Muslim ist Gott der zwingende Alltyrann des Knechts: Mensch. Deshalb ist der Islam an sich Culturfeindlich.

So nah wie die subjective Lösung der Weltfrage dem menschlichen Herzen gelegt ward, liegt die objective Lösung dem menschlichen Geiste nicht. Nach dem Ringen langer Jahrhunderte erreichte der griechische Geist in Plato und Aristoteles eine, einen weiten Umkreis beherrschende Höhe. Ob nun die Form als ein Geschenk aus der geistigen Welt dem Stoff von oben herab, wie Plato will, zukommt; ob der Stoff durch die Bewegung zur Form sich hinaufringt, es ist gleich. Die Harmonie im All kann nur erkannt werden auf dem einen Weg: Stoff, Bewegung, Form und Endzweck.

Wir befürchten in der jetzigen Zeit mit ihrer materialistischen Anschauung, kein Glück mit unserer Deduction zu haben, denn wir begingen einen Hauptfehler, wir versäumten es dem Gethier ein erstes Rang-Billet zu dem Weltschauspiel zu reserviren. Hätte man doch, wenn es irgend anging, Urvetter Gorillo gern in die Proscenium-Loge gebracht, und nun sprechen wir ihm, als einem Thier, die letzten Stufen zur Allharmonie ab.

Jedoch es giebt noch Naturforscher und zwar Naturforscher ersten Rangs, welche die Herrschaft des Mechanismus und Materialismus abzustreifen wissen.

Der greise Altmeister in der Durchforschung des kleinen Lebens, Ehrenberg sagt in seinem letzten Werk: Mikrogeologische Forschung, mit dem er gleichsam von seinen Mitgenossen im Bereich der Naturforschung Abschied nahm, folgendes: Da Plan und Gesetz in den kleinsten Lebensformen sich mit der 300 Mal verstärkten Sehkraft überall zu erkennen giebt und die Vorstellung eines zufällig spielenden Bildungstriebes formloser, todter Materie sich nun in den seelenvollen Aufbau zierlicher lebender Formen umgestaltet, so ist auch die organische Zusammensetzung mit immer feinerem Gewebe, der die Schalen bildenden kleinen Körper nicht unberücksichtigt geblieben.

Aber nicht nur Plan und Gesetz, sondern Einheit des gegliederten Plans und Mannigfaltigkeit der in ihm waltenden Gesetze, treten in diesem fast transcendentalen Verhältnisse klar vor das Auge und geben zu erkennen, dass fortgesetztes Vertiefen in die Natur mit der Verschärfung der Sinneskräfte jenen auf speculativem Wege vielgesuchten Schöpfer des Ganzen nicht vermissen, sondern immer specieller erkennen lässt."

Naturanschauung.

Wie erfasst der Mensch die Natur? Er der einmal hineingeflochten in die Speichen des ewigen Rades, selbst mit umgeschwungen wird in dem Wandel des Werdens und Vergehens, ein andermal aber vermöge seines Geistes sich herausringt aus den ewigen Ketten, an welche alle andre Creatur gebunden, im steten Kreislauf willenlos herumgetrieben wird. Der Mensch ist einer Betrachtung der Allnatur fähig, der Affe nicht. Der Mensch hatte von Anfang seines Seins an, ein dazu wohlorganisirtes Hirn, der Affe nicht; denn der Mensch entwickelte diese Anlage zur Bravour, der Affe blieb Affe, wie er ist und war und sein wird, ein Thier!

Drei Standpunkte nahm der Mensch der Natur gegenüber ein, um von hieraus in den Kern des Räthsels einzudringen. Einmal verband er Geist, d. i. Endzweck und Stoff als eins. Er vergötterte die Stoffnatur. Zweitens: er erfasste oder versuchte es den Geist, der in der Natur lebte, als für sich bestehend zu erfassen. Er verachtete die Stoffnatur. Drittens: er strebte die Natur als ein Wohlgeordnetes im Stoff und Geist, im Stoff und Endziel Harmonirendes, und auf den Urgrund alles Seins Hinweisendes zu betrachten.

Millionen und aber Millionen denkender Menschen zogen bald diesen bald jenen Weg. Doch während zwei davon gänzlich in den Abgrund führten, strebte auf dem dritten Pfad die geistig ringende Menschheit den steilen Höhen zu.

Ein steiler Riff wird nach dem andern erstiegen und der Rückblick auf den durchmessenen Pfad bestärkt den Wandrer, dass er den rechten Weg betreten. Eine Kluft wird nach der anderen überbrückt und der Nachfolger schreitet ruhig über jenen Steg, unter dem ein tiefer Abgrund die früheren Pilger zur Wahrheit zurückschreckte. Wohlan! so klingt es in ihm, dort auf der Höhe hängen an den bisher noch unbetretenen Klippen schon die Lichtpfeile vom klaren Morgenglühn, während ringsumher noch die Nebel der Nacht den Schooss der Berge decken; dahin, dahin! Lass deinen Fuss nicht wanken, dort weilt der ewige Strahl, von dem du einen Abglanz im eignen Busen hegst, dorthin treibt deshalb dich deine unbegreifliche, ahnende Sehnsucht; denn Gott schuf den Menschen nach seinem Bilde, im Bilde Gottes schuf er ihn.

Vergöttlichung des Stoffs ist das Wesen der alten indischen Lehre. Ein Weltei, in dem die Schöpfungskraft, Brahma, Jahrbillionen schlummert, das dann von der erwachenden Kraft in zwei Hälften gespalten, zu Himmel und Erde sich entwickelt, ist fast bei allen alten Culturvölkern das Bild der Weltschöpfung. Aus seiner eignen Substanz schafft Brahma alle Wesen, alles was keucht und fleucht, was lebt und strebt, alle Wesen sind nur Wandlungen des Urwesens, direct ist jenes in alle Gestaltungen übergegangen. Die Emanation, die Ausströmung, ist der Grundton dieser ganzen Lehre, materialistisch ist der Geist im Stoff gedacht.

Begegnet in den alten indischen Erzählungen ein Thier dem Menschen, so ist's ein Wesen höherer Weisheit, dem Menschen seinen Weg zu lehren. Wir brauchen hier wohl nicht zu erwähnen, dass die Fabel ihren Weg von diesem Anfang aus genommen und ist es ganz natürlich, wenn heute wir vom Darwinismus belehrt, eigentlich denselben Weg gehen und die Natur als eine Hochschule mit Thierprofessoren, gläubigen Schritts und Tritts besuchen. Was lehren uns diese Professoren in Luft, Wasser, Sumpf, Land, diese Herren der Weisheit zu Wasser und zu Lande. Die Bienen thun uns ihren royalistischen, die Infusorien aber den socialistischen und demokratischen Grundzug dar. Mücken- und Vogelschwärme, die Fischzüge thun eine höhere Weisheit kund. Diese Gesellschaften wandern nach reiflicher Ueberlegung aus. Einen ganz besonderen Reiz hat nun aber für die Naturweisheitsbegründer die Ameise mit ihren wackelnden Fühlhörnern. Darwin ist ein Meister und massvoll, er vergleicht die Sprache der Ameisen mit dem Spiel der Finger im Traum; die Nachfolger aber wissen ganz genau, was es mit den Wacklern am Kopf der Ameise für eine Bewandtniss hat. Es bewegt sich in milderer Zitterung der Fühler: Komm, sagt die eine zur andern, ich habe ein Körnlein gefunden, hilf mir den Schatz zu heben; oder aber rasche Zitterung, dann heisst es, komm rasch, Schwester Minchen ist in einen Wassertropfen gefallen; Hülfe thut noth, oder sie ersäuft.

Gewiss hat auch die Ameise die Fähigkeit sich ihrem Horizont entsprechend zu äussern. Uebertragen wir aber unsere Denkweise auf die der Thiere, strömt auch uns, wie einst den Indern, die reine Urweisheit aus dem Thiere zu.

Doch was die Herren Thiergeist nennen, ist meist der Herren eigner Geist. Das ist nicht neu, das ist uralt, auch die Mittelstufen haben wir. Auch ohne Bileams Esel noch besonders zu reiten, finden wir selbst bei strengen Monotheisten Thieroffenbarungen.

So eifersüchtig Muhammed auch war, als die Vollendung aller Prophetie zu gelten; so sehr er der ganzen Menschheit nach ihm die Möglichkeit absprach Prophet zu werden, so sprach er doch den Thieren die Offenbarung zu. Baue dir Häuser, spricht Gott zur Biene, auf Bergen und in Bäumen, sowie die Menschen solche fügen. Esse von allen Früchten und wandle auf den Wegen, so der Herr dir gewiesen. Aus ihren Leibern kommt eine Flüssigkeit von verschiedener Farbe, als ein Heilmittel für die Menschen. Wahrlich auch hierin liegt ein Zeichen für die denkenden Menschen (16, 70). — Im Uebrigen beliebte es dem Propheten der Wüste alte jüdische und christliche Legenden neu aufzubügeln und durch dieselben auf die neugierigen Araber zu wirken. Er tischte diese erbaulichen Geschichten als neue, frisch aus dem Offenbarungs-Backofen kommende Waare, den Beduinen auf, die freilich oft undankbar genug waren ihm zu sagen, seine Sachen wären viel langweiliger als ihre alten Erzählungen. Salomo ist nun schon in der Bibel das Sinnbild aller Weisheit, noch mehr in den späteren jüdischen Erzählungen. Besonders liegt seine Weisheit darin, dass er die Sprache der Vögel und der Thiere kennt; er konnte also immer direct aus dem Born aller Ur- weisheit schöpfen. Er handhabt mit Virtuosität sein Scepter über Genien und Dämonen, über Mensch und Thier. Dazu war er im Heirathen vieler Weiber ein ganzer Mann, ein echtes Vorbild für den edlen Muhammed. Salomo also kommt (Sure 27) in das Thal der Ameisen, um sein Heer, das aus Genien, Menschen und Creaturen besteht, zu mustern. Da hört er eine Ameise zur andern sagen: O ihr Ameisen geht ein in eure Wohnungen, damit euch nicht Salomo und sein Heer, ohne es gewahr zu werden, zertrete. Ge- wiss wackelte sie dabei in grosser Angst und ge- waltiger Zitterung mit ihren Hörnchen — und Sa- lomo lachte laut auf.

Da gewahrte Salomo, dass sein getreuer Vogel-
Adjutant, der (Hudhud) Wiedehopf, nicht bei der Re-
vue erschienen. Dass der Wiedehopf stinkt, hindert
ihn nicht in die erhabenste Gesellschaft einzutreten;
auch bei uns bewegt sich, seit der Gründerzeit zumal,
gar manches anrüchige Individuum in ganz anstän-
diger Gesellschaft. Doch wie? Adjutant Hudhud
nicht zum Rapport! ruft Salomo, er soll sterben. —
Da fliegt er eilig herbei; ich sehe was, was du nicht
siehst! ruft er, ich habe eine gewaltige Herrscherin
in Saba auf goldnem Thron getroffen, die mit ihrem
Volk die Sonne aber nicht Gott anbetet. Dies war
nun grade so ein Fall für einen Propheten und König
zugleich, wie Salomo war, für sich Macht erwerben
zur Ehre Gottes — bei den Semiten ist ja überhaupt Krieg nur als Religionsverbreitung denkbar —
das machen jetzt moderne Völker ihnen nach — und
nun gar wenn die Königin schön ist. Religion für
Gott, Machterwerb für das Reich und Heirath für
den stets liebefühlenden Salomo! — Der Fall ist
ganz dazu angethan die Kunst der Genien spielen
zu lassen. Wer bringt mir den Thron und dann die
Königin hierher. Ein Dämon spricht ich bringe ihn
her, ehe du von deinem Sitz aufstehst; ein andrer:
ich bring ihn her in einem Augenblick. Dies war
gewiss im Reich der Genien der Telegraphendirector,
der nicht nur Worte, sondern auch Gegenstände,

selbst Throne beförderte. Soweit sind wir bis jetzt
noch nicht.

Der goldne Stuhl ist da, die Königin wird gebracht, sie erkennt mit Müh ihren unkenntlich ge-
machten Thron. Sie soll in den Pallast Salomos gehn,
doch Salomo bewohnte einen Glaspallast; als sie denselben sah, denkt sie, der Pallast sei ein grosses Wasser
und entblösste ihre Beine. Das ist eine intricate Stelle.
Bis hierher geht die Geschichte und nicht weiter —
doch Ende gut alles gut, sie bekennt den Islam.
Hier bricht die Erzählung zwar ab, doch wissen die
Commentatoren soviel wie wir. Auch wir können
conjecturiren: Salomo heirathete sie, das war ihm ja
eine alltägliche Sache. Wir aber berichten diese
Geschichte zur Ehrenrettung Salomo's, denn die
neueren Interpreten des alten Testaments zerstörten
zu unserer Zeit jenen alten Traum vom hohen Lied
Salomonis, als eine Allegorie der Kirche — nein
heisst es jetzt: Das hohe Lied ist eine satyrische
Komödie auf den von der Sulamit verspotteten, stür-
mischen Liebhaber Salomo. Dieselbe könnte betitelt
werden — der Korb Salomonis. Selbst dieses Sinnbild aller Macht und Weisheit also ward vom Volks-
witz nicht verschont.

Auch im Tode war Salomo Ursach die Weisheit
im Thierreich darzuthun. Als er seinen Tod nahen
fühlte, fürchtete er, dass alsbald, sowie er die Augen

zudrückte, der Scandal der rebellischen Genien losgehn
werde. Aber ein Salomo wusste für alles Mittel;
er starb aufrecht stehend auf seinen Stab gelehnt.
Da könnte man nun sagen:

> Seht, da steht er an dem Throne,
> aufrecht steht er da;
> Hoheit blieb dem Davidsohne,
> obwohl er's Licht nicht sah.

Und die dummen Teufel glaubten wirklich er
lebe noch und parirten dem todten Herrscher.
Aber ein Holzwurm war klüger, er frass den Stab
entzwei und pardauz, da lag der weise Salomo —
aus war es mit dem Schattenreich.

Nach den Lehren des grossen Buddha, dessen
Anhänger einen grossen Bruchtheil der Menschheit
ausmachen, ist Fleisch essen eine grosse Sünde, denn
in den Thieren leben die Seelen der Bösen, die zu
einer grösseren Wanderung verdammt sind, während
die Guten in das heilige Urwesen selbst aufgehen
können. Ein Stück Weltgeist ist in jedem Thier! wer
wagt es, es anzurühren. Man lasse sich in Demuth
beissen, fressen, würgen, alles zur Ehre des grossen
Weltgeistes.

Doch auch die strengsten Gesetze können um-
gangen werden. Man fängt Fische; sie zu tödten
wäre ein Frevel, aber man lässt sie auf dem Ufer

liegen. Seht nun ihr verwandelten Seelen zu, wie ihr davon kommt — und diese Fische sind wirklich so entartet, so energielos, und ihrer Urahnen, die einst im Kampf ums Dasein aus dem Wasser krochen und Landbewohner wurden, so unwürdig, dass sie sterben und den Weg alles Fleisches gehen, d. h. faulen. Ist nun die Fäulniss recht im Gange, dass weithin der penetranteste Odeur sich verbreitet, dann kommen die Buddhisten und pressen diese Fische zu einem Fischkäse zusammen. Das ist die Leckerspeise für ihren Krautmagen. — Jeder nach seinem haut gout. —

Ein solcher Buddhist wird geplagt, er durchsucht sein Kleid und fängt — einen Floh. Der hat ihn ausgesogen, doch er lässt ihn frei. Bravo Buddhist! Der Floh ist wirklich unter den Parasiten ein Herr von Adel, ein Ritter in schwarzbrauner Rüstung, warum soll er nicht ein Stück Weltgeist sein. Göthe führt ihn überdies in die höchsten Zirkel ein: Es war einmal ein König der hatt' 'nen grossen Floh. — Nein wirklich ganz abgesehen vom Buddhismus, welche Weisheit, welche Energie entwickelte dieser kleine Cavalier in seinem Werden.

Früher offenbar kroch er, dann lief er, dann hopste er und endlich sprang er. Gewiss erst sog er Pflanzensaft; damals genügte es zu kriechen und zu laufen, was er übrigens auch jetzt noch kann; nachher ward er ein Blutsauger, dazu muss man springen, denn wie die Blutsauger jeden anspringen, das weiss ein jeder, der in dieser argen Welt sich bewegte.

Nun das Springen war so recht sein Fach, alle Energie wandte er darauf an, dass seine Hinterfüsse stets stärker und länger wurden und wie herrlich führte er den Kampf ums Dasein diesem Ziele zu. Was ist Harras der kühne Springer gegen einen Floh? der schwarzbraune Hopsasa springt wirklich und leicht ein paarmal so hoch hinauf als Harras in die Saale hinab gesprungen sein soll und dann preist noch der Sänger Harras den kühnen Springer, doch vom Springmeister, dem Floh, da schweigt des Sängers Höflichkeit. Er hat es wirklich verdient, dass der Hofschneider seinen Beinen Hosen anmesse.

Denn wenn die ganze Menschheit sich nur aufs Springen legte und jede Männin nur den besten Springer sich als Mann erwählte; wenn Millionen von Geschlechtern hindurch im Kampf ums Dasein nur um den besten Sprung gerungen würde, die Menschheit kriegte nimmer solche Beine; ihr bliebe immer noch der schwarze Knirps ein Meister.

Alles hat seine Zeit, sagt der weise Salomo und alles seine Grenzen, jeder ist mit seinem Maass zu messen. Ehrenberg sagt in seinen mikrogeologischen

Forschungen: I, 380. Die Existenz des kleinen Lebens (Infusorien) verlangt gebieterisch die ähnlichen Erscheinungen desselben in gleichartige Betrachtung zu ziehn. Es dürfte lächerlich erscheinen, wenn die menschlichen Empfindungen und Vorstellungen auch auf diese Kreise ausgedehnt würden".

Der Vergöttlichung der Natur gegenüber steht die Entgöttlichung derselben, die Verachtung des Stoffs. Der Stoff sei Sitz des Verderbens, die Heimath der Finsterniss, der Geist aber Sitz des Lebens, die Heimath des Lichts. Ein ewiger Zwiespalt sei gesetzt zwischen beiden, ein ewiges Ringen um die Weltherrschaft. Das Gute, der Geist oder das Licht steht auf der einen; das Böse, der Stoff oder die Finsterniss auf der andern Seite.

Die Fortsetzung dieser alten persischen Lehre von Ormuzd und dem Ahriman finden wir in der ersten Zeit des Christenthums als die Gnostiker die einer tieferen Einsicht sich rühmten, gegen die Lehre von der Schöpfung aus Nichts sich auflehnten.

Aus Nichts wird Nichts! riefen sie; es giebt ein Lichtreich und ein Stoffreich. Zwischen beiden aber drittens diese von einem Untergott, dem Judengott (Demiurg) gemachte Welt. Diese Welt entstand nämlich so. Durch eine Reihe von Aeonenpaaren hindurch ging die geistige Emanation Gottes, bis der letzte der weiblichen Aeonen, Sophia, der Versuchung verfiel, die Grenze des Lichtreichs überschritt und mit dem Stoff buhlte. Eine Frucht dieser unwürdigen Liebe sei diese von dem, aus jener unnatürlichen Liebe hervorgegangnen Mittelgott, dem Demiurg, geschaffene Mittelwelt.

Ein Funke Licht fiel also in den finsteren Stoff und die ganze Entwickelung dieser Erde ist nun nichts als die Zurückführung dieser Lichttheile in ihre wahre Heimath. Der Kampfplatz jener zwei mit einander streitenden Naturen ist der Mensch. Christus aber, als der reine Geist, der in diese Welt niederstieg, die Lichttheile zu retten, kann nicht wirklich, sondern nur zum Schein im Stoff gewandelt haben. Die dummen Juden glaubten ihn zu kreuzigen, während die Lichtnatur des wahren Christus, zur Heimath alles Lichts zurückkehrte. Nur ein Scheinschauspiel ist Christi Leben, ist Christi Sterben. Auch Muhammed will den verhassten Juden nicht zugestehn, dass sie den grossen Propheten Isa (Jesus) wirklich gekreuzigt hätten. Nur am Scheinschauspiel ergötzte sich das dumme Volk, der Eingeweihte aber erkennt das wahre Wesen jener Lichtnatur.

Als die mit christlichen Bruchstücken ausstaffirte alte persische Lehre von den zwei Reichen, muss die Lehre Mani's, welcher einst der grosse Kirchenlehrer des Abendlandes Augustin ergeben war, angesehen werden. Die Mächte der Finsterniss waren im wil-

den Toben wieder einander, da kommen sie dem bis
dahin unbekannten Lichtreich nah. Von seinem
Glanz angezogen, vergessen sie ihren Hader und
suchen vereint in das Reich des Lichts zu dringen.

Der König des Lichtreichs schafft zur Bewachung
der Lichtgrenze den Aeon, die Lebensmutter. Diese
erzeugt den Urmenschen, dass er als Streiter des
Lichts gegen die finsteren Mächte des Stoffs kämpfe.
Er zieht aus mit den fünf reinen Elementen: Feuer,
Licht, Luft, Wasser, Erde aus, aber sein Zug ist
kein glücklicher, er geräth in Gefahr zu unterliegen;
er ruft um Hülfe zum Vater des Lichts und wird
zwar selbst gerettet, jedoch ist es den Mächten
der Finsterniss gelungen einen Theil seiner Rüstung,
einen Theil seines Lichtwesens, zu verschlingen. Das
ist die mit der Materie vermischte Weltseele. Diese
wieder zum Lichte heranzuführen, ist das Streben
der hohen Weisheit; sie bei sich zu fesseln ist das
Streben der niederen Mächte. Die Weltseele im Stoff
zu fesseln wird der Erdenmensch gebildet.

Derselbe hat eine Licht- und eine Stoffnatur;
die Lichtnatur zu unterdrücken ist das Streben der
Stoffmacht; es zu entwickeln und dem Stoffe zu ent-
reissen, ist das Ziel der Lichtkraft. Die Stoffmacht
will ihn durch die Früchte des Paradieses an sich
fesseln, doch ein Lichtengel, als ein solcher wird die
Schlange gesetzt, führte ihn zur Selbsterkenntniss.

Im Sündenfall erkannte der Mensch seine Lichtnatur und zerbrach die Fessel; die Stoffwelt sucht dann den Adam durch die Verführung des Weibes, der Eva, in dem finsteren Stoff zu binden und fortan ward die Seele, die zum Lichtreich sich erheben sollte, durch die Fortpflanzung zertheilt und in immer neue Körper gebannt.

Endlich musste die Seele von der Macht der Finsterniss befreit werden; Christus der Sonnengeist steigt nieder, die im Stoff verdunkelten Strahlen wieder zu verklären. Natürlich ist sein Leben und sein Sterben auch hier nur Schein und Gaukelspiel für jene dummen Juden. Die Kreuzigung ist nur ein Bild der in die Materie versenkten Seele, die der Lichtgeist zu sich erheben wollte. Drum, verachte den Stoff, enthalte dich der Natur und eines jeden Genusses, so wird die Lichtnatur in dir frei — so klingt es hindurch, verständlich oder unverständlich im Symbol durch Millionen und Millionen von Menschen. So finster drohend manchem auch die Manichäer erscheinen mögen, ursprünglich hatten auch sie eine Lichtseite. Selbst ein Augustin musste sich mit ihnen abfinden.

Es wäre unbillig, wollte man dem Christenthum diese finstere asketische Richtung in der Betrachtung der Natur in die Schuhe schieben. Das Mönchsthum freilich und in gewisser Richtung auch die Priesterschaft übt Askese, doch sind dies nur fremd-

13*

artige, altorientalische Einflüsse; das Mönchthum war
viel früher als das Christenthum im Osten heimisch,
es wurde nur übertragen. Die Gebote der Armuth, der
Ehelosigkeit und des absoluten Gehorsams wurden
später durch Bibelstellen, die aus dem Zusammenhang
herausgerissen waren, begründet, da die asketische
Richtung, stets eine gute Waffe für die Macht der
Geistlichkeit bot.

Dem Geiste Christi war dieser finstre Sinn fern.
Treten wir hinzu an jene friedlichen Gestade des
vom blühenden Oleander heute noch umkränzten
Sees von Tiberias. Als dort der Meister aus Nazareth umher zog und seine Sinnsprüche wie eine
Fülle leuchtender Perlen ausstreute, was sagt er da
seinen Jüngern? Sehet die Vögel unter dem Himmel,
sie säen nicht und ernten nicht, sie sammeln auch
nicht in die Scheuern und euer himmlischer Vater
ernähret sie doch. — Sehet die Lilien auf dem Felde,
sie arbeiten nicht und spinnen nicht und sind doch
schöner denn Salomo in seiner Herrlichkeit.

Wie fasst also Christus die Natur auf? er
schildert sie als ein Sinnbild von der Allmacht, von
der Weisheit und der Güte Gottes. Freilich ist sie
nicht die Vollendung des sittlichen Gedankens, denn
diese ist in dem, dem Menschen innewohnenden, Geist;
in dem klaren Bewusstsein von der Liebe Gottes

und in der sie bethätigenden Bruderliebe zu finden, aber ein Hinweis darauf ist die Natur.

Ganz entsprechend dem Anfang des alten Testaments: Gott schuf in seiner Allmacht das All, ist die Anschauung des neuen Testaments: Die Welt ist ein Beweis von Gottes weiser Liebe. Ziehen wir zum Schluss einige

Parallelen.

A. Ruhe.

Erster Schöpfungstag. Im Anfang schuf Gott das All aus dem Nichts. (Mose?) Im Anfang löste sich vom Mittelring der Sonne die Nebellinse Erde. Kant.

Die Erde war finster und leer. Finsterniss auf der Tiefe. Die Nebellinse ward als Tochter der Sonne eine Gluthkugel, um die sich eine Kruste bildete.

Der Geist Gottes brütete über dem Wasser. —

Alles, was auf Erden entsteht, kann nur aus den Elementen, den Urstoffen der Erde und durch die Wärme entstehen. Die im Innern eingeschlossene, die Wärme erhaltende Gluth, sowie der Strahl der Sonne, als die ewige Mitgift der Mutter an die Tochter lassen aus den Urstoffen Dinge werden.

Gott sprach: es werde Licht und es ward Licht.

Licht und Wärme sind correlat, eins ist ohne das andere im Princip nicht denkbar; alle Wärme von

der Sonne. Lange lange war die Erde als Gluthkugel von einer warmen Dunsthülle umschlossen,
wie noch heut Ringe den Saturn umgeben; eine Art
Halbdunkel herrschte bei den Hebräern, ein Frühroth.

Zweiter Tag. Es werde eine Veste inmitten der
Wasser, es ward die Veste Himmel.

Wir erinnern an die Vorstellung vom Weltei,
dasselbe spaltet sich, so dass die obere Hälfte zum
Himmel, die untere zur Erde wird. Nach den
Hebräern wurden bei der Sintfluth die (Fenster)
Schleusen des Himmels geöffnet und die Fluten
rinnen nieder.

An eine Naturphilosophie ist bei den Hebräern
nicht zu denken, da das geordnete All der Hand des
Allmächtigen entronnen und somit die Speculation
abgeschnitten war.

Dagegen herrscht bei den Griechen seit Aristoteles
ein volles System, ihnen folgen im Mittelalter die Araber.
Zunächst werden die vier Elemente so construirt:
Die Erde ist verbunden mit den Begriffen der Ruhe,
Kühle, Schwere, unedler, aus Ruhe entstandener
Trockenheit. Das Wasser hat träge Bewegung, Kühle,
Schwere und Feuchtigkeit. Die Luft hat rasche Bewe-
gung, Warme, Leichtigkeit, und ist halbfeucht. Das
Feuer hat Sprudelbewegung, ist heiss, leicht und hat
eine edle aus Bewegung hervorgegangene Trockenheit.

Der Uebergang des einen in das andere ist so:

Das Feuer hat Sprudelbewegung, es erlischt und wird
Luft; die Luft hat viel bewegliche, wenig ruhende
Theile; die ruhenden Theile nehmen Ueberhand, sie
werden Wasser. Das Wasser hat viel ruhende, wenig
bewegte Theile, es setzt sich und wird Erde.

Aus den vier Elementen werden zwei Bildungs-
stoffe. 1) Die durch die Wärme aufgelösten und in die
Luft aufsteigenden Dämpfe der Wasser. 2) Der durch
die Wärme aus der vom Regen durchnässten Erde
aufsteigende, Erd- und Wasseratome enthaltende,
Dunst. Aus beiden wird Stein, Pflanze, Thier, d. h.
ursprünglich aus Erde, Wasser, Luft, unter Einwirkung des Feuers, d. i. der Wärme.

Dritter Tag. Es sammle sich das Wasser unter
dem Himmel und werde sichtbar das Trockene.

Die im Schooss der Erde eingepresste Flamme
treibt die Kruste in die Höhe, dass sie barst und
hoch hinauf die Lagen sich thürmen und Berge
werden. Nieder rinnen die niedergeschlagenen Wasser-
dämpfe; Eruptivgestein und Sedimente, ein Ringen
findet zwischen Wasser und Feuer durch lange lange
Epochen hindurch statt, bis die Wasser abrinnen,
Gebirg, Diluvium, Alluvium hinterlassend und Meere
bildend.

Es lasse die Erde Gras sprossen, Kraut das
Samen bringt und Bäume die Frucht tragen, worin
ihr Same war auf Erden.

Aristoteles erkennt in der Pflanze eine Lebenskraft, d. i. Seele, um die Urstoffe nach dem Princip
der Zweckmässigkeit zu einer Form zu bilden, so dass
durch die immer vollständigere Unterwerfung der
Materie unter die Form, eine Stufe lebendiger Wesen
nach der andern entstehe. Ueber dem Mineral mit
dunkler Ahnung, steht die Pflanze mit einer Seele.
Dieselbe hat nur die Bildungskraft.

Jetzt ist die Anschauung gerechtfertigt, dass aus
den 63 Elementen sich verschiedene Zellenmassen bilden, welche vermöge der Wärme sich zu Organismen,
d. h. zu Arten werden die im Stande sind durch
Erzeugung von je zwei Halborganismen, dem männlichen und weiblichen, Samen zu erzeugen und sich
also zu erhalten. Ob zunächst nur eine Form oder
deren viele entstanden, ist für diese Frage gleich-
gültig, es bleibt das Räthsel, wie kam der Stoff zur.
Form?

B. Bewegung.

Vierter Tag. Die Lichter am Himmel, die
Sterne, werden gesetzt und besonders die zwei grossen
Leuchten der Welt; für den Tag die Sonne, für die
Nacht der Mond. Zu Zeichen und zu Zeiten sind sie bestimmt. Die Astronomie, vielleicht die älteste Wissenschaft, erkannte im hohen Alterthum die Bewegung
der Planeten und den Stillstand der Fixsterne. —

Das System des Ptolemaeus ist der Abschluss der
alten Astronomie, die auch das Mittelalter beherrscht.
Schon bei Aristoteles ist die Erde als Mittelpunkt,
die Ruhe; die Planeten dagegen sind die Bewegung.
Die Sphärentheorie handelt vom Vollkern Erde und
den sieben Planetenhimmeln. Beide sind ihrer Natur
nach entgegengesetzt; die Erde kalt und trocken aus
Ruhe, die Sterne heiss und trocken in Folge gewaltiger Bewegung. Seit Kopernikus bewegen sich die
sieben Planeten, also auch die Erde um die Sonne;
ihrem Schooss sind nach Kant die Planeten entronnen;
als Töchter der Sonne enthalten sie dieselben Bestandtheile als jene. (Kirchhoff und Bunsen.)

Fünfter Tag. Es wimmle das Wasser vom Gewimmel lebendiger Wesen und das Gevögel fliege
über der Erde an der Feste des Himmels hin.

Sechster Tag. Die Erde bringe hervor lebende
Wesen nach ihrer Art. Gott sprach lasset uns Menschen machen nach unserem Bilde und nach unserer
Aehnlichkeit. Im Bilde Gottes schuf er ihn, Mann
und Weib erschuf er sie.

Der Schematismus, von Ruhe und Bewegung, im
hebräischen Mythus reisst Pflanze und Thier aus
einander, doch Aristoteles setzte die Stufenleiter über
die Pflanze hinaus so fort, dass die Thierseele ausser
der Bildungskraft, die schon der Pflanzenseele eigen
war, noch das Vermögen des Empfindens, Begehrens

und der Bewegung habe; er theilte die Thiere in a) blutlose, niedere Schalthiere etc., der Pflanze ähnlich und in b) wirkliche bluthabende. Aehnlich die neuere Zoologie in Wirbelthiere und Wirbellose. Die Menschenseele hat dazu die Vernunft, die Unsterbliche.

Aus diesen Grundsätzen heraus bildet sich die Vorstellung von dem Menschen als der kleinen Welt, dem Mikrokosmos und von der Welt als Grossmensch, Makrokosmos, welche die mittelalterliche arabische Philosophie beherrscht.

Die neuere Zeit erkennt, dass von der Sonne die Erde ward; alles irdische ist aus Atomen der Sonne gefügt, alle Entwicklung nur durch die Wärme, die von ihr stammt, möglich.

Wir kennen das woraus die Arten wurden, und wissen wodurch sich ihre Formen fügten, wir kennen nicht das Wie, jedoch erfassen wir das Wozu oder das Woraufhin, d. h. den Zweck der Erhaltung und den Bestand der in sich harmonischen Natur. Ahnend blicken wir hinüber in das Reich des wahren Seins, in die Allharmonie der sinnlichen und geistigen Welt im Begriff von der weisen Liebe Gottes.

Die verschiedenen Arten entstanden aus dem verschiedenen Gemisch der Zellen, die wiederum verschieden sein müssen je nach ihrer Mischung aus den Grundstoffen. Obwohl fast alle Formen dem einen Grundzuge der bilateralen Symmetrie, die dem

Urplan entsprach, folgen, ward ihre Gestaltung hier-
nach und nach den Umständen, ob sie im Wasser,
Sumpf oder auf dem Lande wurden, verschieden.
Dies Wunder löst auch Darwin nicht, denn die
Schaffung der ersten Urform wäre ebenso räthselhaft,
wie das Hervorrufen der Arten, als der von der Natur
gebildeten Apparate um die Urmischung des Lebestoffs zu erhalten.

Ob wir wie die Inder einer Vergöttlichung des
Stoffs ergeben sind; ob wir wie Buddhas Anhänger
in jedem Wesen einen Theil des Weltgeistes perso-
nificirt denken; ob wir den Parsen folgend, ein
Reich des Lichts und eins der Finsterniss und den
Menschen für eine Zwischenstufe beider setzen; ob
wir wie Plato dem Stoff die göttliche Form von oben
her zukommen oder wie Aristoteles die Form aus
dem Stoff, dem Endzweck zu, sich bilden lassen;
ob wir der Astrologie folgend, das Werden der Einzel-
dinge den Wandelsternen (Planeten), das Werden
der Arten den bleibenden Fixsternen zuschreiben;
ob wir wie die neuere Zeit die zu einem Organismus
sich aufbauende Zelle betrachten; ob wir die Schöpfung
des All für Acte der schaffenden Gewalt des Schöpfers
erkennen, und in der Natur das Sinnbild der weisen
Liebe Gottes ahnend ergreifen, wir bleiben an der
Schwelle zwischen Werden und Sein, zwischen Stoff
und Form und rufen hineinstarrend in die Finsterniss

des Chaos, an jener jähen Kluft zwischen dem Sein und
Nichtsein — Herr hilf uns hinüber — denn siehe
alles Vergängliche ist nur ein Gleichniss, und die
nach ewigen Gesetzen sich wandelnde Natur ist nur
ein Hinweis auf dein ewiges Sein. —

Die Harmonie.

Man wirft in der neueren Zeit, Bilder, Gleich-
nisse und Mythen nicht sogleich bei Seite. Man erkennt, dass die Erzählungen früherer Zeiten Ver-
körperungen alter Gedanken sind, die mit Recht den
Geist ganzer Culturvölker beschäftigten. Es ist daher
an uns den goldenen Kern von der darüber sich la-
gernden Schale zu sondern um das Wehen des Geistes
im eigentlichen Inhalt derselben richtig zu schätzen.
Auch wir möchten hier an ein solches Bild, das Jahrhunderte hindurch die Geister bewegte und als ein
schönes Erbe des classischen Alterthums dem Mittelalter zukam, erinnern.

Die Araber in Basra und Bagdad wurden hoch
ergötzt und gerührt durch das Saitenspiel der Laute,
das dort, während die klare Nacht mit ihrem Heer
über die dunklen Fluthen des Tigris heraufzog,
überall erklang. Als das vollendetste Instrument
wird die Laute bezeichnet. Vier Saiten sind über
einen Klangboden gespannt, bei dem die Länge zur

Breite wie 1 : ½ und die Breite zur Tiefe ebenfalls wie 1 : ½, die Länge zur Tiefe also wie 1 : ¼ steht. Ebenso entsprechen einander die Saiten, die Bassseite ist um ⅓ länger und dicker als die dritte, diese wiederum um ⅓ länger als die zweite, die zweite ⅓ länger als die erste Saite. Ist nun die Laute wohlgestimmt, enstehen die Töne in der schönsten Beziehung zu einander. Ihre Harmonie galt für ein Abbild von der harmonischen Bewegung der ewigen Gestirne in ihren Sphären. — Ein Abbild jener harmonischen Sternbewegung im Himmel, ein Wiederklang der Sphärenmusik sei das Spiel der Laute. Dem Wesen der Laute entspreche ferner das Wesen der Natur, d. i. die unter der Mondsphäre und ihren Elementen waltende Kraft. Denn der Diskantsaite entspreche die Feinheit des Feuers, der zweiten Saite die Luft, der dritten das Wasser, der vierten, der Basssaite, die Erde. Von ihnen nähme jedes in dem Verhältniss, wie dies bei den Saiten stattfindet, je um ein Drittheil in der Dichtigkeit zu.

So ist die Lyra der Elementarwelt gestimmt, dass die Natur sie spiele und alle Dinge in ihrer Harmonie hervorrufe. Aber ihr Spiel, so schön es ist, ist nichts als ein schwacher Wiederhall jener Töne, die durch die Bewegung der Sphärenwelt geschaffen werden. Die Weisen der Letzteren sind reiner und lieblicher, weil die Himmelskörper schöner gefügt und von reinerer Substanz sind als die irdischen Gebilde.

Es entsinne sich daher die in die irdische Welt gebannte Theilseele bei den Tönen der Laute der Freude und Seelenlust, deren sie einst in ihrem vorweltlichen Sein theilhaftig ward.

Eine Harmonie ist die Natur und doch nur ein Wiederhall jener ewigen himmlischen Reihung.

Soweit die Araber, die in jener Zeit des Drucks an diesem Bilde sich aufrichteten und die hehre Gestalt der Bildung vor dem alles verschlingenden Rachen einer schroffen, herzlosen Orthodoxie zu retten suchten.

Muhammed hatte bei seiner schroffen Allmachtslehre von einer Tafel geredet, der der Alltyrann Gott das unabänderliche Geschick aller Wesen eingezeichnet habe. Ja wohl riefen die Philosophen, jene Tafel, der die ewige Wahrheit eingezeichnet ward, ist der Mensch — das Wesen der sich selbstbewussten Form — in ihm spiegele sich die sinnliche und geistige Welt in ihrer Harmonie, wie in einer Laute, wieder.

Als einst die ersten Christen, eine kleine Schaar einfacher Fischer und Handwerker, den stolzen Bau des Heidenthums, das mit aller Kraft der Philosophie und Bildung hergerichtet war, zu zertrümmern wagten, wie war da das Bild geartet, welches mit stets neuer Kraft ihren Busen durchglühte? Der Mensch, hiess es, ist nichts als eine gespannte Leier, ein Bild des ver-

gänglichen Stoffs, aber in das starre Holz und in
die todte Saite haucht der Geist Gottes, so wie der
Wind die Aeolsharfe rührt, auf dass sie töne, und
die so inspirirte Laute, die ewige Wahrheit Gottes,
verkünde. Wie schön! wie erhaben war das Bild!
und doch auch die Erhabenheit schützte es nicht davor,
dass die selbstische Orthodoxie es presste und nieder-
drückte um die schroffe Lehre einer Buchstaben-
Inspiration daraus zu ziehen und das fanatische
Schwert der Glaubensverfolgung daraus zu schmieden.
Die wörtliche Inspiration der Bibel, so klang der
Misston, so lautet die Devise der frommen Henker,
die um den stets glühenden Scheiterhaufen der In-
quisition den Heuchlermantel hüllte.

Doch hinweg von diesen Greueln, hinauf ins
hohe Alterthum zu einem der frühsten Lichtstrahlen
des erwachenden Geistes, zu dem altpythagoräischen
Spruch: „In der Harmonie beruht das Wesen aller
Dinge".

Wir denken noch weiter hinauf zur Mythe, an
die das All bewältigende Musik des Orpheus.

Aber der Mensch allein und nicht das Thier
ist eine Leier, die vom Hauche des Himmels gerührt,
der ewigen Harmonie ihre Töne leiht. Die Macht
der Musik so heisst es zwar, lähmt den Sprung der
giftigen Viper; und schliesst den blutigen Rachen des
Leun, und wenn das Bild des Friedens in uns er-

wacht, so bilden wir wohl die Allegorie des flötenden
Hirten, der auf dem wilden Panther ruhig reitet; aber
das Bewusstsein, dass in der Harmonie als einer wohl-
gefügten Reihung des Geistes das Einzelwesen als ein
Theil dem All einzufügen, das All aber als eine schöne
Ordnung aller Einzelwesen zu erfassen sei; und dass
wir deshalb in der Musik ein Sinnbild für den, dem
Geist vermählten Stoff, haben, das erfasst der Mensch
allein doch nimmer ein Thier. Denn der Mensch
allein bildet die Brücke zwischen Stoff und Geist,
zwischen den absolut herrschenden Gesetzen der
Natur und der Freiheit im Geiste. Als der die Welt
Erkennende ist er selbst eine kleine Welt.

Der Mensch ist eine kleine Welt und die Welt
ein grosser Mensch; so klang der Sinnspruch der
mittelalterlichen Philosophen um die Harmonie im All,
und das Wesen der menschlichen Selbsterkenntniss
zu bezeichnen. Nehmen wir dies Bewusstsein von
denkenden Menschen hinweg, löschen wir den allen
Geistern tief eingegrabenen Zug, dass er der Seiner
Selbst bewusste Theil im organischen Gefüge der Welt
sei, aus, so ist seine Rede nichts als eine klingende
Schelle. Nehmen wir ferner jenen Grundzug von den
sich gegenseitig bedingenden und im harmonischen
Einklang befindlichen Wesen aus der Natur, so ist das
Meisterwerk im All, die Schöpfung, nichts als ein planlos unvernünftiges Spiel des ungeregelten Zufalls im

gesetzlosen endlosen Durcheinander entfesselter Natur-
gewalten.

Als der europäischen Civilisation in Aegypten
die Thore geöffnet wurden, liessen die Franzosen ein
Musikchor aus Frankreich kommen um Sr. Hoheit
dem Vicekönig und seinem Gefolge aufzuspielen.
Die Hoheit im Turban war rechtzeitig da, liess sich
auf dem Diwan nieder, rauchte die Pfeife und war-
tete geduldig auf die Dinge, die da kommen sollten.
Die Musiker im Orchester stimmten ihre Instrumente
— man machte zwar nicht grosse Augen aber grosse
Ohren im alten Aegypten. — Nun erschien der Capellmeister mit dem Taktstock und es ging los. Ein Stück
ward nach dem andern wohl executirt, die Europäer
klatschten Beifall und riefen mit gewaltigem Lärmen
den Capellmeister. Da fragt man die Hoheit im Turban
welches Stück dem Herrn am meisten gefalle; er meinte
das Erste, man solle das noch einmal wiederholen. Man
begann das erste Stück, Hoheit schüttelte den Kopf.
Hoheit irrte vielleicht in der Zahl, man fing das
zweite an; das wars aber auch nicht; jok jok, nein
nein, das Erste, dabei bliebs. Endlich kam man darauf
was Hoheit so sehr bewegte, man fing von Neuem
an zu stimmen, ja ja, das wars! das war das Aller-
schönste. Die Europäer kicherten. Doch Hoheit
fuhr zu Haus und sagte auf dem Heimweg: Die
Fremden sind doch komische Leute, da waren so

viele, die haben Wind gemacht in Röhren, die andern strichen hin und her wie Seidenweber und wurden heiss, und besonders stand Einer, der fuhr bald nach rechts, bald nach links, bald nach oben, bald nach unten mit dem Stock, wie ein Madjnun (Besessener), er machte gar keinen Schall und doch liebten die komischen Europäer den am meisten, sie schrien auf ihn hin; je stiller er gewesen, desto lauter riefen über ihn die Hörer.

Es ist doch eine tolle Welt, die Welt des Abends.

Nun wie wärs! wir stehen vor dem Concert der Natur. Da stimmt Einer, wir hören einen Ton — die eine Lebeform Darwins — und wir sagen wie schön ist Musik. Auf einen Ton wird ein Concert gefidelt, das der Zufall im Daseinskampfe dirigirt. Wozu noch eine Concertmeisterin die Natur, sie ist ja stumm und spielt nicht mit. Ein jedes Instrument mache Töne je nach seinem Belieben. Der infernalste Lärmen und der grösste Scandal ohne Ordnung, ohne Fügung ist die beste Musik. Das erste Stück, die Stimmerei, sie ist und bleibt das Schönste. Es lebe der Musikverstand im Turban, es lebe die Naturanschauung von der einen Lebeform und dem Scandal im Dasein.

Dabei zeigt doch schon die anorganische Stoffwelt 63 Elemente aus deren Spiel die Zelle hervorging. Man denke sich ein Würfelspiel von — sagen wir 64 — 64 eckigen Würfeln. Aus den Elementen fügen sich die Zellen, wie unendlich verschieden müssen sie sein und wie gross die Zahl der daraus entstehenden Arten? Doch als der Hauptpasch der vierundsechzig fiel — da war der Mensch geschaffen.[1]) Dies Bild hinkt wie alle Bilder, denn während wir beim Würfelspiel Kraft und Bewegung unserer Hand nicht berechnen können um des Wurfes sicher zu sein, beweist uns die Natur, dass sie ihrer Kraft und ihrer Bewegung sicherer und ihr Spiel besser durchdacht und berechnet sei.

Man leugnet schon den die Harmonie des geschaffenen Tonstücks beherrschenden Musikdirektor, man leugnet die, die Kraft des Werdens in sich hegende Natur, was braucht man nun gar an den Componisten noch zu denken, der diese Harmonie in ihrem Grundzug erst ersann und dann erschuf. — Was hat man noch mit Gott zu thun?

Wir aber wissen, es giebt eine Einheit, in der Vielheit, es giebt eine Harmonie, sie wird ausgeführt von der Natur, sie klingt dumpf uns zu, doch in dem Geist wird sie uns klar und klarer, denn wir ahnen ihren Grundzug in dem Geist des Schöpfers.

Ob ein zuckender Strahl im finsteren Wetter unser Aug' mit banger Ehrfurcht füllt; ob auf mildem Luftgewoge eine Weise unser Ohr berührt; ob hoch aufthürmt der brüllende Sturm, die wogende See,

---

1) Vgl. du Bois-Reymond: „Galliani versus Darwin" über das Paschwerfen der Natur.

oder lieblich sanft der Frühlingshauch uns anweht;
Ob das Atom im Schooss des Stoffs sich neu bindet
oder löst, ob im todten Zweig oder im Leib des
Thiers die wachgerufenen Zellen treibend umgehen,
auf dass im Schooss der Blüthe die Fruchtzelle zum
Keim des neuen Lebens sich bilde; alles was da ist und
wird, ist nichts als durch Wärme bewegte Atome, d. h.
mehr oder weniger concentrirter Sonnenstrahl. Einst
ist unsere Welt aus dem Schooss der Allmutter des
Lichts geboren, sie wird erhalten durch die tägliche
Liebesspende dieser selben Mutter, durch die Wärme,
auf dass die Sonne sei und bleibe ein stetes Sinnbild und
ein untrüglicher Beweis für die ewige Weisheit Gottes.

Wir wollen dem fernen Freund, dem fernen
Lieb' unser Abbild reichen und treten vor den pho-
topraphischen Apparat — wir malen selber unser
Bild mit Sonnenstrahlen. — Gab nicht etwa auch der
Schöpfer des Alls, in dem Wesen der Sonne, als der
Lebensspenderin, den harrenden, sich sehnenden, dem
Ursprung alles Seins nachdenkenden Menschen einen
Zug vom Lichtbild seiner Weisheit, seiner Güte?

Der Leib, die Schöpfung dieser Sonne, verfällt
dem Spiel des Musikdirectors, Natur; der sich und
das All erkennende Geist dagegen erfasst, wenn auch
nur ahnend, einige Züge des Schöpfers, der den
Gestirnen ihre Bahnen wies und als das Sein Leben
hauchte in die Welt des Werdens. Denn in seinem
Bilde schuf er ihn.

Eine arabische Naturphilosophie
aus dem 10. Jahrhundert.

———

Wisse guter mitleidiger Bruder, den Gott mit seinem Geist stärke,[1]) dass die Welt in ihrer Gesammtheit eine Kugel ist. Sie theilt sich in elf Stufen. Sieben davon sind runde, hohle, durchsichtige Sphären, deren Sterne ebenfalls allesammt runde Kugeln sind. Ihre Bewegungen sind alle kreisartig.[2])

Die Umgebungssphäre macht mit allen beweglichen Sphären und Sternen in grade 24 Stunden einen vollen Umschwung um die Erde und ebenso macht jeder Stern in einem ihm speciellen Himmel, oder Kreise, einen Umschwung in einer bestimmten Zeit. Hat er einen Umschwung vollendet, beginnt

---

1) Dieser Abschnitt ist die Uebersetzung der 50sten Abhandlung der arabischen Philosophen, die lautern Brüder genannt.

2) Zur näheren Erklärung diene: Erde und Wasser der erste innere Vollkern; Luft und Feuer die erste Zone, dann folgen die sieben Planetenhimmel, des Mondes, Mercur, der Venus, der Sonne, des Mars, Jupiter, Saturn; dann die Fixsternsphäre, endlich die Umgebungssphäre. Dies wäre also der Raum.

er einen neuen, d. h. seine Bewegung bricht er nie
ab.[1]) —

Unterhalb des Mondkreises sind zwei Zonen.
Die eine Feuer und Luft, die andre Wasser und
Erde. Jede der beiden ist rund gestaltet ringsum.
Das Ende der einen ist verbunden mit dem Anfang
der anderen. Der Anfang der Feuerzone ist verbunden
mit der Mondsphäre, ihr Ende mit der Stufe der
Eiskälte und das Ende der Eiskälte ist verbunden
mit dem Wasser und der Erde.[2])

Die Erde bildet mit allen ihren Meeren und
Bergen eine Kugel. Die Berge und Flüsse auf der
Erdoberfläche sind bei näherer Betrachtung wie ein
Bogenstück des Umkreises und die Meere wie ein
Stück Schaale von der runden Oberfläche.

Ebenso sind die meisten Dinge ebenfalls kugel-
förmig und rund, so die meisten Baumfrüchte und
Blätter, die Pflanzenkerne und Blüthen. Auch gilt
von den meisten Menschenwerken dasselbe.[3])

Ebenso sind die Zustände der Welt in einem

---

1) Vergl. d. Abhandlung über die Astronomie. Dieterici,
Propaedeutik d. Araber, p. 46. — Vergl. d. Abhandlung Himmel
und Erde. Dieterici, Naturwissenschaft der Araber, p. 24—54.
Ferner: Die Schwingung und Kreisung der Gestirne. Dieterici,
Lehre von der Weltseele bei den Arabern. p. 52—70.

2) Vergl. die Meteorologie. Dieterici, Naturwissenschaft der
Araber. p. 66.

3) Vergl. die Mathematik. Dieterici, Propädentik. p. 23.

Kreislauf, so dass das Ende des einen stets mit dem Anfang des anderen verbunden ist. Der Zeitlauf geht vom Winter zum Frühling, vom Frühling zum Sommer, vom Sommer zum Herbst, vom Herbst zum Winter.

Dasselbe gilt vom Umlauf des Tages und der Nacht um die Erde und dem Wechsel der vier Elemente.[1])

Ebenso verhält es sich mit dem Umlauf des Fluss- und Meerwassers, des Nebels und des Regens, denn sie sind wie ein ewig kreisendes Rad. Nebel und Gewölk entsteht aus den vom Meer und Fluss aufsteigenden Dünsten, dann treiben die Winde die entstehenden Wolken zu den trocknen Gefilden und den Spitzen der Berge, es regnet dort. Die Bäche kehren durch ihre Rinnsale zum Meer zurück, um ein zweites Mal nach der Bestimmung des Allmächtigen als Dünste aufzusteigen. Dasselbe gilt von der Pflanze und ihrer Entstehung aus Staub, Wasser, Luft, Feuer. Sie kehrt zu denselben in ihrem Umlauf wie ein Rad zurück. Denn die Pflanze beginnt und wächst, sie wird vollendet und vollkommen, bis dass sie ihren höchsten Zustand und ihr Endziel erreicht. Dann kehrt sie in Verwesung und Verderben zu dem zurück, von wo sie ausgegangen.

Dies geschieht also. Die Pflanze saugt mit

---

1) Vergl. Entstehen und Vergehen. Dieterici, Naturanschauung. p. 55.

ihren feinen Wurzelfasern die zarten (Theile) der
Elemente auf und bildet davon Blatt und Kern. Die
Thiere erfassen die Pflanze, sich davon zu nähren,
sie verwandeln in ihrem Leibe einige Stoffe zu
Fleisch und Blut, andre gehen als Auswurf ab.
Letzterer wird den Wurzeln der Pflanze wieder zugeführt, sich davon zu nähren und Blatt und Frucht
von Neuem zu bilden, auf dass das Thier dieselben
wiederum erfasse. Beobachtet man dies wohl so ist
es wie ein kreisend Rad. —

Die Leiber der Thiere kehren alle zum Staub
zurück, sie verwesen und werden Staub, aus diesem
werden Pflanzen aus den Pflanzen Thiere, wie wir
dargethan, es ist ein Rad das umkreist.[1]

Auch von den Zuständen des Menschen gilt:
dass sie alle sammt einen Kreis bilden, wie das um-
gehende Rad. Denn der Anfang des Menschen beginnt mit dem Samentropfen, dann nimmt er zu,
wächst, wird vollendet und vollkommen,[2] bis von
ihm wiederum Samen hervorgeht und er begehrt
dahin wieder zu gelangen von wo er ausging, um
seiner Begierde zu genügen. Der Anfang seines
Seins ist von mangelhafter Kraft und schwachem

---

1) Vergl. Botanik: Dieterici, Naturanschauung. 161. —
Zoologie, Naturanschauung. 191.

2) Vergl. Embryologie und Astrologie. Dieterici, Anthro-
pologie der Araber. 64.

Bau, dann aber erhebt er sich und nimmt zu bis er die Vollkraft erreicht; worauf er herabzusinken beginnt bis er zur niedrigsten Lebenskraft, wie sie Anfangs war, zurückgeht.

Vergl. Koran 16,80. Gott liess euch aus dem Schooss eurer Mutter hervorgehn, ohne dass ihr etwas wusstet.

Wisse o Bruder, dass auch das unter dem Mondkreis Vorhandene eine Reihung und Ordnung hat in seinem Sein und Bestehen. Es ist gereiht eins unter das andere, der Anfang verbunden mit dem Ende (der vorigen Stufe), sowie die Zahlen geordnet und die Sphären gereiht sind.

Von den Theilen der Welt umgiebt der eine den andern. Es sind 11 Sphären. Neun davon fallen in die Sphärenwelt. Der Anfang ist bei dem Umgebungskreis und das Ende bei der Endgrenze des Mondkreises.

Das Ende des einen ist stets verbunden mit dem Anfang des andern.

Zwei dieser Sphären liegen unter dem Mondkreis, d. i. der Kreis des Feuers und der Luft und dann der Kreis des Wassers und der Erde.

Diese zwei Kreise zerfallen in vier Naturen, zunächst den Aether, d. i. das Flammfeuer unter dem Mondkreis; darunter die Eiskälte, d. i. die übergrosse Kälte, darunter das Wasser, die übergrosse Feuchtig-

keit und darunter die Erde, die übergrosse Trockenheit.[1])

Von diesen Vieren gilt, dass ihre Gesammtheiten
(Wesen) zwar in den Mittelpunkten der Kreise liegen,
jedoch das Ende des Einen mit dem Anfang des
Andern verbunden ist, und von ihren Theilchen das
Eine sich in das Andere verwandelt.[2])

Das was aus diesen Vieren entsteht und gleichsam
als Theildinge derselben besteht, das sind Mineral,
Pflanze, Thier. Auch diese haben Ordnung und
Reihung, das Ende des einen ist verknüpft mit dem
Anfang des andern, sowie dies sowohl bei den
Sphären als bei den Elementen statt findet.

Die Stufen der Dinge aus den vier Elementen. Mineral, Pflanze, Thier.

Von den Mineralen ist die Anfangsstufe dem
Staube, die Endstufe den Pflanzen verbunden, während die Endstufe der Pflanzen dem Thier, die Endstufe des Thiers dem Menschen, die Endstufe des

---

1) Der Schematismus der vier Naturen führt zu einigen
Ungenauigkeiten. Sonst zerfällt die Luft in Aether, dann Eiskälte und endlich die Windhauchzone, in welche hinein Dämpfe
des Wassers aufsteigen bis zu den Spitzen hoher Berge. Vergl.
Dieterici, Naturanschauung. 79.

2) Vergl. Entstehen und Vergehen. Dieterici, Naturanschauung. 55.

Menschen den Engeln verbunden ist. Auch die Engel haben verschiedene Stufen und Stände, so dass immer das Ende der einen Stufe dem Anfang der andern verknüpft ist.

Die Anfangsstufe der Minerale bildet der Gyps, da er dem Staube sehr nah steht; ferner das Salz, welches dem Wasser sehr nah liegt. Der Gyps nämlich besteht aus Sandlagen, welche vom Regen zur Mittagszeit durchnässt wurden, dann zusammenbacken und zu Gyps wurden. Das Salz dagegen ist Wasser, welches sich mit Salzerde vermischte, verhärtete und zu Salz wurde.

Die Endstufe des Minerals liegt dagegen der Pflanze nah, sie wird gebildet durch die Erdschwämme, Androsäm u. dergl. Dieselben entstehen nämlich im Staube wie das Mineral, dann wachsen sie an feuchten Stellen in den Tagen des Frühlings, beim Regen und beim Donnergekrach wie die Pflanzen. Weil sie aber weder Frucht noch Blatt haben, und im Staube entstehen wie die Mineralstoffe, so gleichen sie zwar von der einen Seite der Pflanze von der andern aber dem Mineral. [1])

Die übrigen Minerale liegen zwischen diesen beiden Grenzen, dem Gyps und der Morchel. Von den Pflanzen gilt, dass diese Gattung der Dinge mit

---

1) Vergl. Mineralogie. Naturanschauung. 95.

ihrem Anfang zwar dem Mineral, mit ihrer Endstufe aber dem Thier verbunden ist.

Die erste und niedrigste Pflanzenstufe, welche an den Staub grenzt, ist das Ruinengrün; die letzte und höchste, die an das Thier grenzt ist aber die Dattelpalme. Das Ruinengrün ist nichts als Staub, der auf der Erde, dem Felsen und Gestein zusammenkam, dann trifft denselben Regen und ist er am Morgen grün, wie wenn er eine Saatpflanze oder Kraut (das ungesät erspross) wäre; trifft dann aber die Sonnenhitze am Mittag dasselbe, wird es wieder trocken, bis derselbe Staub am andern Tage wegen der Nachtfeuchte oder des lieblichen Luftzugs wieder grün ersteht. Die Morchel sowohl als das Ruinengrün, sprossen nur in den Frühlingstagen und in einander benachbarten Landstrichen, weil sie einander so nah stehn; denn das Erste ist ein Pflanzenmineral, das Andere aber eine Mineralpflanze. Die Dattelpalme dagegen bildet die Endstufe der Pflanzen, sie ist eine Thierpflanze, da manche ihrer Functionen und Zustände von den Functionen (der andern Pflanzen) geschieden ist, trotzdem dass ihr Körper ein pflanzenartiger ist.

Dies wird dadurch bewiesen, dass die handelnde (männliche) Kraft in ihr von der leidenden (weiblichen) getrennt ist. Da die männlichen Individuen (Exemplare) derselben von den weiblichen geschieden sind und die Männlichen, Fruchtstäubchen für die Weiblichen haben, wie dies bei den Thieren stattfindet. Bei den anderen Pflanzen ist aber die handelnde Kraft von der leidenden, nicht an dem Exemplar, sondern nur in der That geschieden.[1])

Ferner vertrocknet die Palme und hört auf zu wachsen, wenn man das Haupt einzelnen Exemplaren abschneidet, ebenso wie auch das Thier, wenn man ihm das Haupt abschlägt, vergeht und stirbt; die anderen Bäume wachsen trotzdem weiter.

Hierdurch ist klar, dass die Palme dem Körper nach eine Pflanze, der Seele nach ein Thier ist; da ihr Thun das einer Thierseele, die Form ihres Leibes aber die einer Pflanze ist.

Es giebt noch eine andere Art Pflanzen, deren Thun das einer Thierseele ist, obwohl ihr Körper pflanzenartig. Das ist die Schmarotzerpflanze. Dieselbe hat weder in der Erde feststehende Wurzeln, noch hat sie Blätter wie die Pflanze, sondern sie wickelt sich um Baum, Saat, Gemüse, Kraut, saugt von ihren Feuchtigkeiten auf und nährt sich davon, ebensowie der Wurm thut, welcher über die Baumblätter und Pflanzenstengel hinkriecht, sich breit darüber hinlegt, davon zehrt und sich nährt.

Von dieser Art Pflanzen gilt somit, dass, wenn

---

1) cf. Ueber die Palme. Dieterici, Naturanschauung. 184.

auch ihr Körper den Pflanzen gleicht, doch das Thun
ihrer Seele das des Thieres ist.

Durch das Erwähnte ist klar, dass die Endstufe
der Pflanzen mit der Anfangsstufe der Thiere zusammenhängt. Die andern Pflanzen aber liegen
zwischen diesen beiden Stufen.

Wisse ferner, o Bruder, dass die erste Thier-
stufe ebenfalls mit der Endstufe der Pflanzen verbunden ist, wie die Anfangsstufe der Pflanzen mit
der Endstufe des Minerals, die Anfangsstufe des
Minerals, aber wie wir darthaten eng mit Staub und
Wasser zusammenhängt.

Das niedrigste und mangelhafteste Thier ist das,
welches nur einen Sinn hat. Ein solches ist die
Rohrschnecke, ein Wurm im Innern eines Rohrs,
das auf dem Gestein in einigen Meergestaden wächst.
Dieser Wurm reckt die Hälfte seines Körpers aus
dem Innern des Rohrs heraus und dehnt denselben
nach Rechts und Links, indem er nach einem Stoff
sucht, womit er seinen Leib nähren könnte. Fühlt
er dann etwas Rauhes oder Hartes, macht er sich
klein und geht in das Innere des Rohrs, aus Furcht
für seinen Leib und vor Verderben ein. Dieser
Wurm hat weder Gehör noch Gesicht, weder Geruch
noch Geschmack, er hat nur allein den Tastsinn.
Dies gilt auch von dem meisten Gewürm im Lehm,
auf dem Grunde des Meers und in der Tiefe der

Flüsse, sie haben weder Gehör noch Gesicht, weder
Geschmack noch Geruch. Denn die göttliche Weisheit giebt keinem Thier ein Glied, dessen es nicht
um Nutzen herbeizuziehn oder um Schaden abzu-
wehren bedürfte. Denn verliehe Gott ihnen etwas,
dessen sie nicht bedürften, so würde die Erhaltung
desselben ihnen zur Pein gereichen.

Dieses Thier ist somit thierpflanzlich, denn ihr
Leib wächst, sowie einige Pflanzen wachsen; auch
steht es grad auf seinem Schenkel; weil es sich aber
in freier Weise bewegt, ist's ein Thier. Da es nun
aber nur einen Sinn hat, so steht es auf der niedrigsten Stufe. Auch theilen die Pflanzen den Tastsinn mit ihm. Die Pflanze hat nämlich den Tastsinn allein. Ein Beweis aber dafür, dass die Pflanze
Tastsinn hat, ist der, dass sie ihre Wurzeln dem
Fluss oder den feuchten Stellen zu erstreckt, sich
aber wohl hütet dieselben den felsigen und trocknen
Stätten zuzutreiben. Ist ferner zufällig ihre Stätte
in einer Enge, weichen die Wurzeln aus und er-
streben die Weite. Ist ferner über ihnen zwar eine
Decke, jedoch ein Loch zur Seite, neigt sich die
Pflanze dahin, bis sie, nachdem sie lang geworden,
dort ihr Haupt erhebt.

Daraus geht hervor, dass die Pflanze soviel
Sinn und Unterscheidungsgabe hat, als sie deren
bedarf. Das Gefühl des Schmerzes hat aber die

15

Pflanze nicht, da es der göttlichen Weisheit nicht anstehen würde der Pflanze einen Schmerz zuzutheilen ohne ihr zugleich ein Mittel zur Abwehr zuzutheilen, wie dies bei den Thieren stattfindet. Diesem wurde mit dem Gefühl des Schmerzes das Mittel zur Abwehr durch Flucht und Entweichung, durch Vorsicht und Waffe verliehen.

Die Art und Weise der Menschenstufe haben wir vordem hervorgehoben. [1]) Die Menschenstufe wird, da sie die Fundgrube aller Vortrefflichkeit und die Quelle aller Tugenden ist, nicht von einer Thierart, sondern nur von mehreren ihrem Wesen nach erschöpft. In der Form des Leibes kommt ihr der Affe nah, im Charakter das edle Pferd. Ferner steht ihm der Menschenvogel (zahme) d. i. die Taube, dann der einsichtige Elefant und der mit vielen Lauten, Weisen und Klängen versehene Sprosser und Papagei nah, dann aber besonders die Biene in ihrer feinen Kunst, sowie ähnliche Thiere.

Die Thiere, deren der Mensch sich bedient, gewöhnen sich nur deshalb an den Menschen, weil ihrer Seele eine Verwandtschaft mit der menschlichen inne wohnt.

Der Affe ahmt, da sein Körper dem menschlichen so ähnlich ist, das Thun der Menschenseele nach, wie das bekannt ist.

---

1) Vergl. hierüber Dieterici: Thier und Mensch. 1858.

Das edle Pferd wird wegen seiner schönen Anlage Reitthier der Könige, es kommt in seiner Bildung so weit, dass es weder mistet noch harnt, so
lange es in der Gegenwart des Königs ist oder er
darauf sitzt. Es hat Einsicht und Muth in der Feld-
schlacht, Geduld beim Stoss und der Verwundung,
als ob es ein tapferer Mann wäre.

Der Elefant versteht in seiner Einsicht die An-
rede, er erkennt gar wohl Gebot und Verbot wie ein
Mensch.

Diese Thiere stehn auf der Endstufe der Thiere,
welche der Menschenstufe nah liegt, weil menschliche
Tugend an ihnen erkennbar ist. Die übrigen Thier-
arten liegen zwischen diesen beiden Stufen.

Da wir die Hochstufe der Thiere, welche der
Menschenstufe nah ist, gekennzeichnet, wollen wir
auch die Niederstufe der Menschen, die der Thier-
stufe nahe kommt, hervorheben.

Diese Stufe wird von den Menschen gebildet,
welche nur die sinnlichen Dinge kennen, nur von
den leiblichen Gütern wissen, und nur nach dem
Wohl der Körper streben.

Sie begehren nur diese Welt und möchten ewig
darin bleiben, obwohl sie wissen, dass dies unmöglich
ist. Sie begehren nur die Lust von Speis und Trank
wie die Grossthiere, haben nur Verlangen nach Be-
gattung und Sinneslust wie Schwein und Esel, sie

15*

suchen nur die Schätze zum Niessnutz dieser Welt zu sammeln. Sie'sammeln das, dessen sie nicht bedürfen, wie die Ameise, und lieben das, was sie nicht benutzen können, wie die Spechte. Sie kennen nur Putz und Kleiderpracht, wie der Pfau. Sie jagen nach dem Abfall dieser Welt wie die Hunde nach Aas.

Wenn auch ihre Körpergestalt die des Menschen ist, so sind die Thaten ihrer Seele doch nur die der Thier- und Pflanzenseele.

Die Menschenstufe, welche den Engeln nah steht, ist die Stufe derjenigen, deren Seele vom Schlaf der Thorheit erweckt und zum Leben der Erkenntniss erwacht ist, sie haben ein klares Aug und erblicken mit dem Licht ihres Herzens die geistigen Dinge, die den Sinnen verborgen sind. Bei der Reinheit ihrer Substanz erkennen sie die Welt der Geister und der erhabenen Gemeinschaft, sie erfassen die dortigen Wesen, d. h. die von der Materie freien Formen, nämlich die Engel, die geistigen Wesen, die Cherubim und alle Träger des Throns. Die Wonne derselben wird ihnen klar, sie streben danach, und enthalten sich der Lust dieser entstehenden und vergehenden Welt.. Obwohl sie dem Leibe nach mit den Menschen verkehren, gehören sie dem Geiste nach den Engeln an.